ちくま新書

戦後日本を問いな[illegible]のダイナミズム

原 彬久
Hara Yoshihisa

1515

戦後日本を問いなおす——日米非対称のダイナミズム【目次】

はじめに　007

第一章　戦後日本の母型　011
1　日米非対称システムのはじまり　012
2　第一の基層――「効用」としての天皇制　021
3　第二の基層――「侵略性除去」としての新憲法　031
4　第三の基層――「駐軍協定」としての安保条約　042

第二章　憲法九条と国際政治　057
1　憲法九条――その「絶対平和主義」　058
2　憲法九条の逆説　073
3　国際政治のなかの憲法九条――主観と客観　085

第三章　日米非対称システムの内実　095

1 「不平等」の構図 096
2 アメリカの危機感――「日本のアメリカ離れ」を恐れる 109
3 安保改定とその限界 117

第四章 冷戦が終わって 143
1 安保条約の広域化と日米一体化 144
2 尖閣問題と安保条約 166

第五章 安全保障政策と外交力 183
1 「保護国」といわれて 184
2 弱者の「理由」 194
3 国民の心性と外交力 207

第六章 政治的「自立」への道 225
1 議会制民主主義と日本外交 226

2 文民統制とその前提 246
3 「靖国問題」と歴史認識 260
あとがき――結びに代えて 274
巻末資料 282

そもそも国際関係とは、国家間の政治・経済・安全保障・文化等々の分野における諸関係の総体ではありますが、なかでも安全保障をめぐる国際関係ほど重要なものはありません。なぜなら国家の安全保障は、戦争と平和の問題に直結し、国家国民の「生存」そのものに直接かかわるからです。国家国民の「生存」が確保されてこそすべてが始まる、というのは歴史の現実です。

したがって国家国民の「生存」を確保するための安全保障政策には、あらゆる資源が動員されるのです。「平和」という名の至上の利益をはじめ各種国益を追求するための外交力を含め、軍事力、経済力、文化力などは、安全保障のための必須の資源です。要するに国家国民はみずからの「生存」を確たるものにするには、もっているすべての資源を状況に応じて用いなければなりませんし、場合によっては愚かにも戦争にさえ訴えてしまうのです。それゆえ安全保障をめぐる国家間の関係、つまり本書でいえば、安全保障をめぐる日米の関係は、日本にとってもアメリカにとっても、いやとりわけ日本にとって文字通り死活的な意味をもつことになるのです。

重要なのは、そのアメリカと日本が太平洋戦争終了後、戦勝国・敗戦国として新たに濃密な安全保障関係をつくりあげたこと、そしてこの「安全保障関係」のありようが、「戦後日本」の本質を決定的に規定していったということです。「戦後日本」を語るなら、同時に「戦後日米関係」をひもとかなければならないゆえんは、ここにあります。「戦後日米関係」を読み解くことなくして、「戦後日本」の実像に迫ることはできないのです。

本書は「戦後日米関係」とりわけ安全保障をめぐる日米関係に関連づけつつ、「戦後日本」とは一体何なのか、その実相をたぐり寄せようとするものです。いい換えれば本書の目的は、戦後における日米関係の仕組みを歴史的に俯瞰《ふかん》しつつ、安全保障にかかわる米日権力関係すなわち米日間の支配・従属（あるいは依存——以下同じ）のダイナミズムが、戦後日本の「国のかたち」をつくるについていかなる衝撃力ないし造形力をもったか、その相貌を整序することにあります。

第一章は、戦後日本の原像ともいうべきものがどのように形成されたのか、この問題を考えます。戦後日本の始発点でいち早くつくられ、以後連綿として今日に至るも続いている「日米非対称システム」なるもの、すなわち米日の優劣・上下関係の原構図が明らかにされるでしょう。

第二章では、日本の安全保障政策の源流である憲法九条を扱います。九条は国内的文脈のなかで必ずしも完結するものではありません。九条はそれが国家の安全保障に直接かかわるだけに、つねに国際政治のダイナミズムのなかで翻弄されます。本章はこうした視点をもちつつ可能な限り客観的に議論を進めるでしょう。

第三章は、日米非対称システムが生み落とした三つの「基層」すなわち天皇制・憲法・日米安保条約のうち、最も直截的かつ可視的に日米非対称システムと相互影響関係をみせる旧・新安保条約を取りあげます。旧・新条約それぞれの本質的な問題点を摘出し、かくてこれらの問題が日米安全保障関係にどういう意味をまとわせているかを検討します。

第四章は、米ソ冷戦が終結した一九九〇年前後から二一世紀に入っていくにつれ、安保条約の性質がどのように変容したか、いやアメリカ優位の日米非対称システムが安保条約の機能をどう変えていったか、という問題意識をもって議論を進めます。アメリカの対日主導力に翳《かげ》りはなく、ポスト冷戦時代を迎えて、アメリカがみずからの国益に沿って安保条約の運用をなお一層広域化し日米一体化を強化していく、その姿形を描出します。

第五章はどうか。日米非対称システムが本質的には強者（戦勝国）アメリカのイニシアティブによって動いていることは確かですが、しかし一方で、この強者の優位性は弱者

（敗戦国）日本によって支えられている、という現実は無視できません。とすれば、弱者日本の側にアメリカの優位性を許す独自の「理由」があるはずです。それは一体何なのかを本章は考察します。

第六章は次の通りです。日本が戦後一貫して日米非対称システムに組み込まれて、アメリカの対日優位に甘んじてきたこと、すなわちそれは日本側が政治的「自立」を依然欠いていることを示しています。戦後七五年目の今日、日本の安全保障の「戦後的なるもの」、すなわち現行安保条約第五条（米国は「日本防衛義務」をもつが、日本は、「米国防衛義務」をもたない）にかかわる「対米依存」の歴史的慣性は、冷戦後の世界情勢の変化（とくに米国国力の相対的衰退と、中国の経済・軍事大国化）によって明らかに行き詰まりをみせています。

問題は、日本が「対米依存」を減じるほどに、自衛のための軍事的負担がそれだけ増大していくだろうということです。つまり、防衛力増大が軍事部門（自衛隊）の権力・権限を拡大し、結局はこの増大する軍事部門の力を政治が主導できなくなるといういわば「文民統制」の破綻に行き着くのではないかという危惧です。議会制民主主義の貫徹が改めて重要視されるゆえんです。国益推進に見合った軍事的負担を担いつつ平和と民主主義を確たるものにするには、国民はいかなる条件を手にすべきか、これが本章の主たるテーマになるでしょう。

第一章
戦後日本の母型

ポツダム会談にて、左からチャーチル、トルーマン、スターリン(1945年7月25日)

1　日米非対称システムのはじまり

†「戦後」は終わっていない

日本が太平洋戦争に負けて無条件降伏したのは、一九四五年です。いまや戦後七五年になります。ただ、この七五年をひとくちに「戦後」として括ってしまうことには、少々抵抗を覚える向きがあるかもしれません。

なぜなら、この七五年の間にも歴史の大きなうねりのようなものがいくつか生まれて、やがてそのうねりが定型化され、あとから振り返れば、新しい曲がり角ができていた、つまり「戦後」はとっくに終わっている、という見方もあるからです。

こうした見方は、それ自体もっともであると思います。問題は、私たちが歴史のなかで新しい時代の「曲がり角」を規定する場合、何をもってそういえるのか、ということです。具体的にいえば、第一に、それまでの時代を形成してきた本質的な母型ともいうべきものが後景に退くとともに、新しい時代の母型が頭をもたげてきたといえるのか、もしそうならその母型はどういう性質のものなのかということ。そして第二に、この新しい時代の母型が歴史の画期をつくる確たる〝熱量〟と持続力をもつに至ったのか、ということです。

もちろん、これら二つについての判断・分析は、論者によって異なります。この判断・分析が論者の間で違えば、時代の括り方もまたそれだけ異なってくるのです。

では、筆者の考えはどうなのか。結論から申しますと、政治外交とりわけ日米安全保障関係に絡めてこれをみる限り、日本の「戦後」は依然続いているということです。理由は、敗戦と時を同じくしてつくられた最も根源的な母型が、実はいまに至るもしぶとく「戦後」の特質を形成している、と考えるからです。

しかも戦後日本の母型は、それ自体他国の影響を免れて、いわば純粋培養されたといった類いのものではありません。それどころか戦後日本の母型は、そもそもの始めから激動の国際政治のなか戦勝国アメリカの主導で形成されたところに大いなる特徴があるのです。有り体《てい》にいえば、戦後日本はその出発点から、先の戦争の勝者（アメリカ）と敗者（日本）の苛烈な国家間力学によって造形されていったということです。

戦後日本の母型が幾多の構成要素から成り立っていることは、いうまでもありません。しかし重要なことがあります。これら構成要素が、後述の通り、実は戦後日本の母型によって生み出されたのであって、その逆ではないということです。その構成要素のなかでも決定的に重要な要素、すなわちここで「基層」と呼ぶものが、いくつかあります。これらは太平洋戦争の勝者アメリカの主導で、戦後わずかの間に相前後してできあがりました。

†戦後日本の三つの基層――天皇制・日本国憲法・日米安保条約

戦後日本の母型を構造化してきたこれらの基層は、大きく捉えて三つあるように思います。第一の基層は戦勝国アメリカの決断によって温存された、「天皇制」です。第二の基層はこの天皇制（第一条）に代表される各種「民主化」の諸条項や、「非軍事化」（第九条）などを謳った日本国憲法（一九四七年施行）です。日本国憲法に盛り込まれている「天皇制」をほかならぬこの憲法から敢えて抜き出して「第一の基層」に挙げた理由については第2節でのべますが、要するに「天皇制」が戦後日本の母型によってつくられた最大級の要素になっているという事実は無視できないということです。憲法の条項にありながら憲法から切り離して「天皇制」を「基層」の一つとして論じることは、戦後日本の母型を炙《あぶ》り出す有効な作業となるでしょう。そして第三の基層は、米軍の「在日基地自由使用」などを許した日米安保条約（一九五一年締結）です。

これら三つの基層は、多少の時間差はあれ、どれもアメリカの対日占領時代に形成されたという点では同類です。ただ、第一と第二の基層が完全に占領政策の産物であったのに対し、第三の日米安保条約は、日本に再び「独立」を与えた「対日平和条約」（以下「対日講和条約」ともいう）が調印された後に締結されたものです。

つまり第三の基層については、日本は主権回復を約束された「独立国」として、一方の独立国アメリカと少なくとも形式的には対等の立場で安保条約を結ぶということになりました。しかし同条約の案文づくりが、「対日平和条約」の作成と同様アメリカ占領下でなされたことは事実です。

日米安保条約は、ワシントンから派遣された国務省顧問J・F・ダレスと、近い将来独立するであろう日本の首相吉田茂との間でつくられました。しかし、アメリカの占領下にあった日本が、自国の「独立」を想定して対等の条約交渉を望んだとしても、実際にはその条約交渉が当時の米日優劣関係をそのまま映し出していたことは、いうまでもありません。

安保条約の案文が「占領体制」という母体の胎児として生成され、日本独立を前にすでにできあがっていたという意味では、第三の基層は第一・第二の基層とその出自《しゅつじ》において大差はないということになるでしょう。

†日米非対称システムとは

ここで私たちは、最も重要な歴史的事実と向き合わなければなりません。戦後日本の母型を形成してきた第三の基層として、いま「日米安保条約」を挙げたばかりですが、通常私たちは、この日米安保条約の発効（一九五二年）をもって「日米安保体制」の誕生と称しています。

しかし、「無条件降伏」から出発した戦後日本の歴史的経緯を俯瞰するとき、この日米安保体制に先駆けて、しかもこの安保体制をそのスケールにおいてはるかに越える、もう一つの日米安保体制がみえてきます。つまり、一九五一年締結の安保条約という法的契約によってつくられた日米体制をいわば「狭義」の日米安保体制とすれば、日本の「無条件降伏」とアメリカ対日占領の始動とともに形成されたいま一つの日米結合体を「広義」の日米安保体制と呼んでもよいでしょう。

「広義」の日米安保体制は、大戦終了に前後してすでに「米ソ冷戦イメージ」（後述）に動かされていたアメリカが日本にその絶対的な占領権力を駆使して練りあげた、米日間の包括的な支配・従属関係を指しています。その意味では、広義の日米安保体制は「日米非対称システム」といい換えてもよいでしょう。いずれにしても、戦後いち早くつくられたこの非対称システムは、天皇制や日本国憲法、そして安保条約など戦後日本の骨格ともいうべき三つの基層を主たる要素として、日米関係の最上位システムを構成しつつ今日に至っている、ということです。

となりますと、前記三つの基層は、日米非対称システムのなかでも特別の重みをもってその下位システムを構成している、ということになります。このことは、天皇制の存続も、新憲法の制定も、そして安保条約の誕生も、実はアメリカの対日戦勝・占領と日本の無条件降伏・被占領を抜きにしてはありえなかった、という事実を説明しています。

つまり、日本の無条件降伏およびアメリカの対日占領から生まれた日米非対称システムこそが、戦後日本の母型であるということが分かります。前記の通り、三つの基層が敗戦国日本の母型をつくったのではなく、戦後日本の母型すなわち日米非対称システムが、これら三つの基層を次々に生み落としてその内実を固めていったのです。

ただ忘れてならないのは、日米非対称システムがこれら三つの基層を生み出したことは事実としても、生み出されたそれぞれの基層が、あるいは占領体制終焉を待たずに、あるいは占領体制終焉後に、今度は戦後日本の母型としての日米非対称システムを逆に下支えしていったという側面も、これまた歴史の事実だということです。

†絶対的勝者と絶対的敗者

日米非対称システムによって生み出されたこれら三つの基層は、戦後政治が進むにつれてこの非対称システムと相互交通し、時として主客転倒したかにみえることもあるでしょう。もちろん、三つの基層がいつの時代でも均等に日米非対称システムに働きかけてこれを支えてきたのではありません。非対称システムに対するこれら三つの基層それぞれのかかわり方が、国内外における時代の変動とともにその形を変えていくのは、十分ありうることです。

いずれにしても日米非対称システムは、日本敗戦後七五年間一貫してその〝体力〟を維持してきました。「七五年間」が短かったか長かったか、その評価は人によって違うでしょう。しかし確かなことは、この歴史的構築物が極めて堅固に造形されていて、なおかつ米ソ冷戦時代はもちろんのこと、それ以後のいわゆるポスト冷戦時代も、その風雪に耐えて強靭《きょうじん》な生命力を保ちつつ今日に至っている、ということです。

では、なぜこの非対称システムは、これほどまでに強い生命力をもっているのでしょう。最も根源的な理由の一つは、歴史的構築物としての日米非対称システムがそもそも戦争の絶対的勝者と絶対的敗者の間でつくられたからだ、ということです。

戦争の本質は、もちろん暴力すなわち軍事力です。アメリカがその圧倒的な軍事力を手にして乗り出した太平洋戦争は、敵国日本を無条件降伏に追い込みました。日本を完敗に導いたのは、それがすべてとはいえないまでも、やはりアメリカの絶大な軍事力でした。戦争終結に続く戦勝国アメリカの対日占領政策も、そこに「政治」はあっても、その「政治」が圧倒的な占領軍事力のなせる業であったことはいうまでもありません。

日米非対称システムの原初的な形といいますか、このシステムのいわば「祖型」がここにあります。占領が終結し日本が独立してもなお今日に至るまで、日本の指導層・一般国民はこの「祖型」を核心とする日米非対称システムに時として抵抗し反発してきました。しかし彼らは基本的にはこの非対称システムにあるいは依存し、あるいは同システムから恩恵を受けて、少なくとも結果的には、アメリカの力に裏づけられたこのシステムを受容してきたのです。

†何が日米非対称システムを延命させてきたのか

それにしても、米日が占領・被占領の関係を解消して独立回復したにもかかわらず(一九五二年)、日米非対称システムという名のこの権力構図が以後さらに今日まで七〇年近く、依然として機能してきたという事実は無視できません。「占領下日本」ならいざ知らず、「独立国日本」になって以後も、なぜこれほど長らくこの非対称システムが崩れなかったのか。

問題は、この「なぜか」を考えるとき、同システムの「祖型」だけに注目しても、ことの半面をみているにすぎないということです。つまり日米非対称システムは、「裸の権力」（ネイキッド・パワー）としての「祖型」だけをもって長期間他民族の優位に立ち続けることはできなかったということです。この非対称システムは、みずから生み落とした三つの基層によって、やがてその「祖型」に〝内装〟・〝外装〟を施し、ときに〝改築〟し、かくして時代に適応していったところにその強みがあるといえます。

だからこそ、「広義」の日米安保体制ともいうべき日米非対称システムは、日本の指導層・一般国民から場合によっては嫌悪・反発されながらも決定的な崩壊を免れ、むしろ日本側から恭順と従属を引き出し、ときには友好・融和をさえ勝ちとってきたのです。この非対称システムは、「裸の権力」（「祖型」）と、同システムが生み出した三つの基層（その他多くの構成要素）とをない交ぜにし、あるいは相互交通させながら、みずからを補強していったといえましょう。

したがって私たちは、日米非対称システムから生まれて、今度は逆に同システムの延命を助けてきた諸要因、とりわけこれら三つの基層とは一体何なのか、このことを少し立ち入って考えてみなければなりません。とくに三つの基層それぞれの生成過程とその歴史的意味を明らかにすることが重要です。なぜならこの作業を進めていけば、日米非対称システムすなわち「戦後日本の母型」の本質らしきものもまた、多分私たちの視野に入ってくるに違いないからです。

2　第一の基層――「効用」としての天皇制

†天皇制の命運

まず第一の基層、すなわち戦勝国アメリカが残置した天皇制についてのべてみましょう。そもそも太平洋戦争でアメリカが日本を無条件降伏に追い込んだのは、文字通り日本を完膚なきまでに打ち砕いて占領支配し、日本社会を丸ごと改造するためでした。しかもこの無条件降伏と密接に絡んでくるのが、実は天皇制の問題だったのです。

私たち日本国民は、ともすると、「万世一系」の天皇制が「八・一五（敗戦）」を越えて今日あるのは当然だと考えがちです。しかし歴史の真実は、その「八・一五」に前後して天皇制の命運が戦勝の連合国とりわけアメリカの掌中にあったこと、したがってその存否がどちらに転ぶか分からなかったということです。戦後日本の国家像を決める最大要因の一つ、すなわち日本の天皇制は、無条件降伏と連接してまさに歴史の分岐点に立っていたというわけです。

国内法にしても国家間の条約にしても、一般にはこれを起草した人ないし国が優位に立つものです。太平洋戦争を終結に導いた連合国の対日最後通牒、すなわちポツダム宣言を起草したのは、もちろんアメリカでした。しかしこのアメリカ政府内では、ポツダム宣言の案文をめぐって激しい対立が生まれます。日本に天皇制を残すべきかどうかという難問をめぐっての確執でした。

一九四五年七月二六日に発表されたポツダム宣言には、結局のところ、天皇制について直接言及する箇所はありませんでした。わずかに第一二項の文言が、読みようによっては、「天皇制存続」に若干の含みを示唆しているようでもありました。

その文言とは、「日本国国民の自由に表明する意思に従い、平和的傾向を有しかつ責任ある政府が樹立され」れば、占領軍ははじめて「撤収」される、というものです。つまり、天皇制を続けるかどうかは、日本国民の意思次第で決まるのだ、というふうにもとれます。日本政府はその後米国政府とやりとりするなかで、みずからの「条件」(「天皇統治権の存続」)を「(米側が)容れたりと認む」(天皇発言)としてポツダム宣言受諾を決めたのです。

では、なぜアメリカは言葉の真の意味での「無条件降伏」ではなくて、「天皇制存続」という「条件」をポツダム宣言のなかに潜ませたのでしょうか。その根本の理由は、アメリカの実利主義ないし冷徹な国益観というものにかかわっていたといってよいでしょう。米英仏ソによるドイツ分割占領とは違って、日本への「単独占領」を決意したアメリカは、この占領支配をできるだけ効率的に果たすために、「君民一体」の天皇を政治的に利用しようとしたのです。

†アメリカの対日単独占領と冷戦イメージ

対日占領は形式上はアメリカを含む連合国で行なわれたのですが、しかし実態としては、紛れもなくアメリカ一国ですべてが仕切られました。H・トルーマン（米国第三三代大統領）の証言によれば、彼が「対日単独占領」の意思を固めていく決定的なきっかけは、あのポツダム会談での「苦い経験」にあったというのです。ソ連首相J・V・スターリンに対するトルーマン大統領の強い「不信感」がこのポツダムで芽生えていたのです〔ハリー・S・トルーマン（堀江芳孝訳）『トルーマン回顧録1』恒文社、一九六六年〕。

ポツダムでは、一方の米英と他方のソ連が、三カ月前すでに無条件降伏していたドイツの占領管理をめぐって激しく対立するのですが、このプロセスでトルーマンは、ソ連が「無情な取引者」であることを悟ります。彼はこのポツダム会談を通して、「（ソ連が）常にあらゆる便益を自己の方にだけ図るものであることを見抜いていた」というのです（同前書、括弧は原）。

対独分割占領とは異なって、対日占領についてはマッカーサー元帥ただ一人にこれを委ねてソ連の介在を許さないというトルーマンの決断は、こうした文脈のなかで理解されるべきでしょう。

つまり注目したいのは、トルーマンがそのとき、「将来当面するもの」すなわち「米ソ冷戦」の臭いを嗅ぎとっていたこと、しかも彼においてこの「冷戦イメージ」ともいうべきものが、ソ連を排した「対日単独占領」と明確に結びついていた、ということです。

このように「冷戦イメージ」なるものを、アメリカが戦争終結を前に早くももっていたということは、重要です。なぜなら、およそ人間の意思決定というものは、「現実（リアリティ）」そのものから影響を受けるのではなくて、「現実」についてのイメージに左右されるからです。

したがって、アメリカ大統領がポツダムで抱いた、あの「対ソ不信」という名の「冷戦イメージ」は、大きな意味をもっていました。政策決定に重大な影響を与えるこの「冷戦イメージ」は、四七年になって冷戦が誰の目にも分かる形で構造化される、そのはるか以前にトルーマン政権を捉えていたというわけです。

†アメリカの政治的打算と「天皇制存続」

とはいえ、いかに戦勝国アメリカがその圧倒的軍事力をもって日本を占領するとはいえ、北は北海道から南は鹿児島までの全領土（沖縄は米国の直轄統治下にあった）とそこに住む八〇〇〇万人の他民族をアメリカ一国だけで支配することには、さまざまな困難が伴います。

このことは、アメリカ自身がよく知っていました。いかなる形の支配も、服従者の同意を何らかの形で担保してはじめて成立するのです。被占領国日本からある種の「協力」を得ることは、占領支配者アメリカにとってはどうしても必要だったのです。

米政府による「天皇制」の研究は、対日開戦一年も経たないうちに、早くも国務省を中心に始まっています。ここでアメリカが着目したのは、天皇のカリスマ性でした。神として国民から崇められてきた天皇を占領支配の道具として取り込むことは、政治的に十分道理の通る話です。「天皇制存続」という「条件」をもって「無条件降伏」を日本に呑ませ、なおかつ戦争終結後の「日本改造」、すなわち日本側から激しく抵抗されるかもしれない「戦後改革」を「天皇の権威の衣」で包むことは、アメリカの国益にとって死活的に重要だったのです。

「天皇制存続」は、食うか食われるかの過酷な国際関係のなか、アメリカの冷徹な政治的打算から生まれたものであって、何も日本に対するアメリカの同情や友情の類いから決断されたものではありません。日米戦争開戦まで駐日大使を務めていた、知日派の代表格J・グルー国務次官は、戦勝七カ月前（一九四五年一月）に次のようにのべています。

「彼（天皇）は、日本を無条件降伏させ、われわれの東京占領という事態の後に予想される混乱とゲリラ戦を回避するうえで、不可欠とはいわぬまでも、重要な資産になるかもしれない。いいかえれば、天皇の存在は、数多くの米国人の生命を救う源泉とも考えられよう。少なくとも、天皇の声は、日本国民が、そして多分日本軍隊が、服従しそうに思われる唯一の声である」〔ジョン・エマーソン（宮地健次郎訳）『嵐のなかの外交官』朝日新聞社、一九七九年〕。

大戦終結から七二年目の二〇一七年、アメリカにD・トランプ大統領が誕生しました。トランプが大統領選挙を戦ったときのスローガンは、「アメリカ・ファースト」（「アメリカ第一主義」）でした。彼はアメリカの「国益」を最優先にして政策決定を行なうことを強く国民に訴えたのです。

しかしアメリカの「国益」最優先は、何もトランプに始まったことではありません。天皇制の問題を含めて戦後の対日政策を俯瞰してみても、そもそもの初めから、アメリカは「アメリカ・ファースト」であり「国益」至上主義でした。ただ、指導者の力量によって「国益」の定義、そして「国益」の内実やその優先順位、さらには「国益」追求の方法論が変わるだけなのです。

例えば「国益」の定義を矮小化《わいしょう》してこれを単純・短絡かつ自己中心的に追い求めるのか、

それとも他国の立場を勘案しつつ対決・妥協・取引を織りまぜつつ平和裏に国益を求めていくのか、指導者によってその違いはあります。トランプは前者のタイプであるにすぎません。

†マッカーサーが恐れた「天皇退位」

いずれにしても、「天皇制存続」というこのアメリカの決断は、日本側とりわけその指導層にとっては至高の賜物となりました。「神聖ニシテ侵スヘカラス」（第三条）と明治憲法が定めた「神権天皇」は、確かに新憲法によってその実権を奪われ、単なる「国民統合の象徴」になりました。しかし、「君民一体」を国体の根幹とみる日本側は、「象徴化された天皇」であってもこれを「国体護持」の毀損《きそん》とは考えませんでした。

天皇制の存否については、ソ連をはじめとする共産勢力は、もちろん「廃止」を主張していました。オーストラリア、ニュージーランドなど西側勢力においてさえ、天皇制への批判は絶えませんでした。占領国アメリカの世論の七割以上が天皇に何らかの形で（「処刑」を含む）戦争責任をとらせるべきだと主張したのです。

そのアメリカが、結局のところ「天皇制存続」に行き着いたことは、たとえそこに実利（国益）追求の思惑はあっても、日本にとってこれ以上の恩寵《おんちょう》はなかったということです。

吉田茂は新憲法に「象徴天皇」が収まったことに触れて、「日本の速かなる安定と再建とを占領政策の大眼目としたマッカーサー元帥が（中略）皇室制度の護持を最高の目標とした気持ち」に万感の思いで深謝しています（吉田茂『世界と日本』番町書房、一九六三年）。

マッカーサーはマッカーサーで彼の最大の「恐れ」は、対日占領において計り知れない「政治的効用」をもつ天皇制を失うという一事でした。このマッカーサーの「恐れ」は、それなりの「理由」からくるものでした。天皇に戦争責任を問う声が国内外に強まるなか、「自責」の念に懊悩《おうのう》する天皇がみずから「退位」を考えていたからです（原彬久『吉田茂――尊皇の政治家』岩波新書、二〇〇五年）。

マッカーサーは、この「天皇退位」という事態を必死に防ごうとします。とりわけ天皇の手足《しゆそく》東条英機らが東京裁判で「絞首刑」の判決をいい渡されたとき（一九四八年一一月）、マッカーサーの「恐れ」は頂点に達します。この判決を機に天皇は退位する、との情報がすでに拡散していたからです。マッカーサーの希望は、「留位」を示唆する天皇のメッセージを吉田首相を介して手に入れることでしたが、ついに彼はこれを実現するのです。

かくて戦後日本の天皇制が、アメリカの政治的意思によって温存されたことは歴史の事実です。同時に、アメリカによる天皇制許容が、アメリカへの感謝の気持ちとある種の負い目を日本側に抱かせたこともまた否定できません。

この日本人の対米心理が日米非対称システムに影響しないはずはありません。日米戦争での日本惨敗と、それにもかかわらずアメリカによる「天皇制」残置の決断が、占領権力に対して隠忍・恭順する〝理由〟の一つを日本人に与えたことは確かです。

†日米非対称システムで天皇が果たした役割

しかもここで確認しておきたいのは、アメリカから許容された天皇制が、アメリカの狙い通り、敗戦後の日本に一定の社会的安定をもたらしたということです。「天皇制温存」によるこの社会的安定が、そのまま米日の支配・従属関係を維持・拡大していくための堅固な土壌になっていったことは確かです。

また天皇自身も、この日米非対称システムの推進・強化にある種の政治的役割を演じていたという事実は、決して軽くはありません。前記の通り、天皇は先の戦争への「自責」の念から、実際に「退位」を考えていましたが、一方でこれと矛盾するかのように、実はみずからたびたび「対米融和」のために密かに行動しているのです。

事例を少し挙げましょう。一つは「天皇メッセージ」といわれるものです。新憲法施行の数カ月後、GHQ政治顧問W・J・シーボルトは国務長官に書簡（一九四七年九月二二日付）を送ります。それによると、天皇は寺崎英成《ひでなり》（宮内省御用掛）を通じて米国にメッセージを伝えます。すなわち、米国が沖縄を長期租借することによって、沖縄に同国が「軍事占領」を続けるよう、天皇は希望しているというものです（進藤榮一「分割された領土――沖縄、千島、そして安保」『世界』岩波書店、一九七九年四月号）。

いま一つは、「米軍基地」にかかわる事例です。一九五〇年夏、安保条約交渉をめぐって吉田首相は一時、「（米軍）在日基地不要」論を展開して（後に吉田は「在日基地必要」論に戻る）、ダレスの不興を買ったことがあります。ところがダレスと同じく、吉田の「在日基地不要」論に不満であった天皇は、そのダレスとの会見で、アメリカの希望する「基地貸与」に「衷心からの同意」を与えていたというわけです（豊下楢彦『安保条約の成立』岩波新書、一九九六年）。

これなどは、天皇の対米外交の一つにすぎません。天皇制を守ってくれた、そしてこれからも守ってくれるであろうアメリカ、このアメリカのために天皇自身が超憲法的な政治行動に出たということでしょう。敗者日本に「天皇制存続」を保証してくれた日米非対称システムを、今度は天皇みずからが推し進めていくという構図です。

このように天皇を対米外交に駆り立てた理由の一つが「米ソ冷戦」にあった、というのは間違いありません。日本国内の共産勢力とともに天皇制を否定する共産国ソ連の一貫した態度は、天皇自身にとっては最大の難敵でした。別言すれば、このソ連と闘うアメリカは、天皇の最も頼りとする〝友軍〟だったのです。

ですから、安保条約発効によって生まれた「狭義」の日米安保体制を主要部分の一つとして抱える「広義」の安保体制、すなわち日米非対称システムは、とりわけ米ソ冷戦下では陰に陽に天皇制を援護する役割を担っていましたし、また天皇もこの非対称システムをみずから押し立てていく役どころを演じていった、ということです。

ソ連邦が解体し冷戦が終わった一九九〇年代以降、つまりポスト冷戦時代ともなれば、資本主義と共産主義のイデオロギー闘争も終焉し、したがって天皇制を脅かす政治勢力はおおむね消え去りました。かくして天皇制は、日米非対称システムの地下深く内向し、過去何事もなかったかのように至極当然、そして所与の存在であるかのごとく隠然として今日に至っているというわけです。

3　第二の基層――「侵略性除去」としての新憲法

†アメリカの「究極の目的」

アメリカが太平洋戦争の最中すでに、「敗戦国」日本での「憲法改正」を念頭に置いていたことは、やはりここで確認しておく必要があります。アメリカは当時早くも、天皇の発議による「明治憲法の改正」を視野に入れていたのです。

国の基本法である憲法が、文字通り戦後日本の骨格を決定づける要因の一つであるとするなら、戦勝国アメリカがまずは敗戦国日本の「憲法改正」に向かうのは、全く自然であります。なぜなら「憲法改正」こそ、アメリカが血を流して日本と戦った最大の目的でもあったからです。

裏返していえば、天皇の神格化とこれを悪用する軍部独裁、そしてそこからくる「日本の侵略性」こそアメリカの敵であり、同国はまさにこれと戦ったのです。太平洋戦争におけるアメリカの最終目的は、日本を無条件降伏させることではなくて、無条件降伏の後に来るべき「戦後改革」すなわち「憲法改正」にあったのです。つまりアメリカの対日戦争は、いわば「日本改造」の出発点であり終着点でもある新憲法制定をもって終わる、といってもよいでしょう。

アメリカの目指す「憲法改正」は、二つの柱から成っています。それは「非軍事化」と「民主化」です。前者は新憲法第九条（「戦争放棄」・「戦力不保持」）が、後者は第一条（「天皇の象徴化」）がその典型です。

この「非軍事化」・「民主化」はポツダム宣言で強調されていましたが、「八・一五」からほぼ五週間後（一九四五年九月二二日）に米政府が発した「降伏後における米国の初期の対日方針」のなかで一層明確に表明されました。

アメリカが日本と戦った最大の目的は「憲法改正」だった、といまのべたばかりですが、この「初期の対日方針」によれば、こうなります。すなわち、「非軍事化」・「民主化」を主たる目的とする「憲法改正」は、実はアメリカの「究極の目的」を実現するための「主要手段」であった、というわけです。

では、アメリカの「究極の目的」とは何か。それは日本が「再び米国の脅威とならざることを確実にする」こと、そして、日本が「世界の平和及び安全の脅威とならざる」ことだ、というのです。

つまり、日本が「アメリカの安全」にとって「脅威とならざる」ことが、世界平和の「脅威とならざる」ことに通じるというわけです。アメリカの敵すなわち「日本の侵略性」を駆逐するためには、日本を非武装化すると同時に、アメリカと同質の民主主義社会にすることが重要だったのです。日本の「非軍事化」・「民主化」という理想のシンボルは、何よりも「アメリカの安全」を確保するという「国益」（自利）の要請から生まれたのです。アメリカの「究極の目的」は、すなわち「アメリカの安全」であるといい換えてもよいでしょう（原彬久『戦後日本と国際政治――安保改定の政治力学』中央公論社、一九八八年）。

†日本指導層の守旧性

敗戦から二カ月後の一〇月、マッカーサーは幣原《しではら》（喜重郎《きじゅうろう》）首相に対して、「憲法の自由主義化」すなわち「憲法改正」を指示しましたが、これに対する幣原の反応は極めて消極的でした。明治憲法は弾力性があるので、戦後に何か新しい事態が起きても、同憲法はこれを吸収することができるのだ、というのが幣原だけでなく日本指導層全体の立場でした。とはいえ、マッカーサーの命令は絶対です。政府は不承不承ながら憲法問題調査委員会（松本烝治委員長）なるものを設けて、いわゆる「松本案」（「憲法改正要綱」）をつくります。これをマッカーサーに提出するのですが、実はその一週間前重大な事件が発生します。松本委員会（憲法問題調査委員会）の試案とされるものが（一九四六年）二月一日付の新聞（毎日新聞）にスクープされたからです。

その内容を知ったマッカーサーは、愕然とします。「無条件降伏」を受け入れて再生日本の屋台骨となるべき新憲法の松本案が、あまりに旧態依然としたものだったからです。新憲法成立過程に詳しい田中英夫は、「八・一五」を越えてもなお続くこの日本指導層の守旧的性向について次のようにのべています。

「松本委員会での検討は、そのほとんどすべてが、明治憲法の『第×条ヲ左ノ通リ改ムルコト』という枠内で行なわれている。単に審議の形式がそうであったというだけでなく、ものの考え方自体がそのような枠を出ていないのである」（田中英夫『憲法制定過程覚え書』有斐閣、一九七九年）。ちなみに、明治憲法第三条の「天皇ハ神聖ニシテ侵スヘカラス」が、松本案では「天皇ハ至尊ニシテ侵スヘカラス」になっています。これは、田中の証言が単なる誇張ではないことを示す一例にすぎません。

†日本に与えられた新憲法案起草のイニシアティブ

もともと憲法改正についてのアメリカの基本方針は、同改正が日本主導で行なわれるべきだ、というものです。ワシントンの国務・陸軍・海軍三省調整委員会（SWNCC）は、こう主張します。「日本の政治体制における欠陥を是正するのに必要な憲法的ならびに行政的改革は（中略）日本国政府によりまず提議され、かつ実施されなければならない」（一九四六年一月七日　SWNCC－二二八）。

このSWNCCの対日方針の背景には、占領国は被占領国に憲法などを押しつけてはならないとする「ハーグ陸戦条約」（一九〇七年）の精神が働いていたことは確かです。しかしそれよりももっと重視すべきは、日本の「憲法的・行政的改革」に対するアメリカのこの柔軟な姿勢のなかには、占領権力の大局的かつ巧妙な政治戦略が紛れもなく存在していた、ということです。

田中英夫は、これに関連してこうのべています。「総司令部が当初頭に描いていたルートは、日本側から憲法改正案が提出され、総司令部がポツダム宣言、ＳＷＮＣＣ－二二八等に照して承認可能なものか否かをチェックし、必要なら日本側と協議し変更を求め、こうしてえられた成案の成立を日本政府の責任において図るということにあった」（田中英夫、前掲書）。

重要なことは、アメリカ側が日本政府にまずもって改憲イニシアティブを与えた、という事実です。しかし、「無条件降伏」を受け入れた日本政府が、それでもなお戦前の「ものの考え方」に拘泥していたのです。日本指導層のこの頑迷な守旧性こそ、総司令官が「今や自分が介入する必要があると感じられるに至った」最大の理由だったのです（マーク・ゲイン〈井本威夫訳〉『ニッポン日記（上）』筑摩書房、一九五一年）。

ですから、新憲法はアメリカの「押しつけ」だ、と単純に決めつけることには無理があります。客観的ないい方をするなら、日本がアメリカの「押しつけ」を招き入れてしまったということでしょう。同じ敗戦国ドイツ（西ドイツ）も、連合国占領下で憲法に代わる「基本法」をつくっています。西ドイツはむしろ「ハーグ陸戦条約」を盾にして、被占領中の憲法制定を拒否し、代わりに「基本法」を成立させます。

いずれにしても、憲法案起草のイニシアティブを占領軍から与えられたという点については、西ドイツも日本と同じです。ただし日本と異なるのは、西ドイツが、この与えられたイニシアティブを最大限に活かして新しい民主主義の「基本法」をみずからの力でつくったということです。

この基本法制定の事情を知る高柳賢三はこうのべています。「その内容はドイツ人が作ったので、占領がなくなっても、その理由で、これを自主的に改正する必要などを少しも感じていないというのである。つまりかれらは、基本法は占領中できたにせよ、自発的にわれわれが作ったのだという意識がつよいので、〝押しつけられた〟とか〝強制された〟とかの論は西ドイツでは見られないのである」(高柳賢三『天皇・憲法第九条』有紀書房、一九六三年)。

高柳にいわせれば、「日本の場合にも、もしも、ドイツ起草者のように米政府その他の連合国が受諾しうるような日本政府案を起草したとしたなら、日本政府のイニシアティブ喪失というようなことにはならなかったであろう」(同前書)というわけです。

†GHQ草案が日本の「反動保守」を中道化した

かくして、「松本案」に失望したマッカーサーは、みずからの主導で新憲法草案の作成を急ぎます。（一九四六年）二月一日付新聞スクープの衝撃を払いのける暇《いとま》もなく、GHQはわずか一〇日間ほどで草案を仕上げます。二月一三日民政局長C・ホイットニーは、この草案をマッカーサーに代わって吉田（茂）外相、松本国務相らに直接手交しますが、このときの同局長の発言は極めて含蓄の深いものでした（高柳賢三他編著『日本国憲法制定の過程Ⅰ　原文と翻訳』有斐閣、一九七二年）。

ホイットニー局長は、こう熱弁をふるいます。「最高司令官は、天皇を戦犯として取調べるべきだという他国からの圧力、（中略）このような圧力から天皇を守ろうという決意を固く保持しています。（中略）しかしみなさん、最高司令官といえども、万能ではありません。けれども最高司令官は、この新しい憲法の諸規定が受け容れられるならば、実際問題としては、天皇は安泰になると考えています」。

同局長は続けます。「マッカーサー将軍は、これが、数多くの人によって反動的と考えられている保守派が権力に留まる最後の機会であると考えています。そしてそれは、あなた方が左に急旋回（してこの案を受諾）することによってのみ、なされうると考えています。（中略）この憲法草案が受け容れられることがあなた方が（権力の座に）生き残る期待をかけうるただ一つの道である」。

そして彼はこうもいいます。「マッカーサー将軍は、この案の提出を日本政府の手に委ね、最高司令官がそれを強く支持するという方法をとる用意がありますが、もしそういう手段がとられなかったときには、必要なら、自らこの案を日本国民に提示する用意があります」。

この脅迫ともとれるホイットニーの発言のなかには、重要なことが三点あります。第一点は天皇制についてです。つまり日本側がアメリカの新憲法草案を受諾してこそ、天皇制の存続が可能になるのだ、ということです。

アメリカが対日占領の手段として天皇制を利用しようとしたことは、前述の通りです。だが、もし日本がこの新憲法草案を受け入れないなら、自国にとっても「必要」な天皇制を廃止してもよいとするアメリカ側の主張は、それ自体自己矛盾を含んでいます。とはいえ、「天皇制廃止」を示唆しながら新憲法の受諾を迫るアメリカ側の態度に、吉田ら日本指導層が恐れをなしたことは疑いを入れません。

第二点は保守勢力の命運についてです。自由と民主主義の新憲法草案を日本が受け入れることによって、ホイットニーのいう「反動保守」は中道化し、一般国民との距離を急速に狭めるだろう、というのが米側の計算でした。以後新憲法が保守諸政党を広く国民政党として成長させていく政治的行動規範となっていったことは注目されてよいでしょう。

この新憲法をアメリカに「押しつけられた」として、戦後一貫して新憲法の更なる改正を叫んできた保守勢力ではありますが、実はこの「押しつけ」憲法を受け入れてはじめて、保守が今日に至るまで戦後政治のなかで中道化しつつ国民の支持をつなぎとめてきたのです。歴史の皮肉というほかはありません。

しかも、アメリカが「反動保守」に自由主義的憲法のタガをはめて、それを社会党右派などとともに「穏健な民主主義勢力」に仕立てていったことは、後述する「日米安保条約」をアメリカ自身の思惑に沿って取り結ぶ礎石ともなっていくのです。

†日本国民の支持を得たアメリカ

ホイットニー発言における重要なことの第三点は、アメリカがみずからの草案に対する日本国民の支持について確たる自信をもっていた、ということです。ホイットニーは、同草案が仮に保守指導層に反対されても国民大衆にこれを開示すれば間違いなく支持される、という確信のほどを日本側に誇示しているのです。

確かに、この会合の冒頭にホイットニーから「松本案拒否」の発言を聞いた吉田や松本は、「はっきりと、ぼう然たる表情」を示しました。とくに吉田は「驚愕と憂慮の色」を表わしたといわれます。アメリカは日本の「反動保守」指導層と、改革への期待をもっていたであろう一般国民との断層を的確に見抜いていたといえましょう。

アメリカは保守指導層には彼らが切望する「天皇制存続」をもって「戦後改革」（新憲法）を受け入れさせ、一方国民大衆にはこの「自由主義化」された新憲法をもってみずからの支配権を正当化してみせたのです。

「象徴」としての天皇を温存した新憲法、「反動保守」を中道化して政党政治を国民のものにした新憲法、そして戦前戦中の軍国主義から国民を解放して彼らに民主主義の恩恵をもたらした新憲法。勝者アメリカが敗者日本に与えた「日本国憲法」という名の最高法規は、日本指導層に「驚愕と憂慮の色」をなさしめましたが、大多数の国民には、新しい時代の風を感じさせるものでした。

戦勝国が、敗戦国とりわけその指導層にではなく、民草《たみくさ》に決して少なくない恩恵を供したとなれば、全く皮肉な話です。逆に日本政府のほうが「国民主権という言葉を回避しようと策動」してこれを「総司令部に拒否され」たという事実は（新版　高橋和之編『世界憲法集』岩波書店、二〇〇七年）、占領権力が敗戦国のエリート層よりも草の根の利益に配慮したことを意味しています。

アメリカが日本に民主主義を与えたのは、もちろんアメリカ建国以来の政治哲学に拠るものではありません。しかしそれ以上に、アメリカからすれば、軍国日本を自国と同質の民主社会に仕立てて、そこから「敵性」を除去することが、アメリカみずからの「安全」

（国益）に資するのだと考えても、何ら不思議ではありません。

いずれにしても、たまたま日本国民がアメリカ主導の日本国憲法から与えられた「非軍事化」・「民主化」は、日米非対称システムの「祖型」（「裸の権力」）に平和と寛容の内実を施しました。つまりこの非対称システムに対する敗者日本、とりわけ一般国民の抵抗は、それだけ和らげられたということでしょう。まさにこのことが、戦後日本の母型すなわち日米非対称システムの命脈を今日まで長らえさせる重大な要因となっていくのです。

4　第三の基層――「駐軍協定」としての安保条約

†日本の戦略的重要性

アメリカによる日本の「非軍事化」・「民主化」が、第一義的にはアメリカの「究極の目的」、すなわち「アメリカの安全（国益）」のためであったことからすれば、この占領政策の帰結としての「新憲法制定」が、まずは「アメリカの安全（国益）」のためであった、と考えるのは十分納得のいく論理です。

その意味では、日米非対称システムの第三の基層すなわち日米安保条約もまた、新憲法制定にアメリカが期待したものと本質的には同一の目的、すなわち「アメリカの安全（国益）」を追求するためであった、といっても何ら驚くことはないでしょう。

敷衍《ふえん》すれば、アメリカの対日政策においては、米ソ冷戦の激化とともにその国益追求の主たる手段が、新憲法とりわけ第九条（日本の「非軍事化」）から安保条約（日本の「軍事化」）へとシフトしていったということです。つまり安保条約によって、米国占領既得権としての「在日基地自由使用権」を日本側から改めて確認を取るとともに、日本そのものを西側集団防衛体制に組み入れようというわけです。

ただ、念のためここで留意したいのは、アメリカが安保条約締結にあたって憲法のすべてを否定しているわけではない、という点です。アメリカは日本国憲法の二つの基軸すなわち「非軍事化」と「民主化」のうち、前者にネガティブな姿勢（すなわち「軍事化」支持）をみせるようになったとはいえ、後者を決して軽んずるものではない、ということです。それどころかアメリカにとって、憲法における「民主化」の重さは圧倒的です。これが日本社会に生かされてこそ、前出の通り、日本国民の対米感情が緩和され、日米関係の精神的基盤が長らく存続することを、かつて「封建・軍国体制の日本」と戦ったアメリカは誰よりもよく知っているからです。

いずれにしてもアメリカが米ソ冷戦を戦うとき、日本が戦略的にいかに重要な地位を占めているかは、戦後数年にして早くも米統合参謀本部が、日本のとりわけ地政学的価値を次のように分析していることからも明らかです（FRUS. 1949, VII, Part 2）。いまから振り返っても、日本の戦略的重要性についてこれほどまで率直かつ明快に言及している文書はめったにありません。

すなわち、日本がアメリカの安全保障にとって高度の重要性をもつのは、主として北太平洋の貿易ルートに関連して日本の地理的位置が重い意味をもっているためであり、さらには日本が日本海・東シナ海・黄海の出入り口になっているからだ、というのです。日本についてはまた、その地理的位置からして、ソ連が日本を支配すれば、西太平洋の米軍基地に対する攻撃基地としてこれを利用できるだろうし、逆にアメリカが日本を支配すれば、戦時にはソ連を排撃し、日本海・東シナ海・黄海を支配するための軍用基地として、これまたその日本を利用できるというわけです。

†安全保障をめぐる日米それぞれの思惑

アメリカにとって最大の問題は、いまや日本を「再び米国の脅威とならざる」国にすることよりも、ソ連を「米国の脅威とならざる」ものにすることです。したがってアメリカの対日政策の核心は、日本そのものをソ連に渡さないための戦略であり、そのための最も重要な手段が、実は、当時まさにGHQが使用していた在日基地だったのです。

アメリカにとって、占領軍の既得権すなわち自由自在に使える在日基地は、対ソ攻撃基地としてばかりでなく、共産中国・北朝鮮を含むアジア全体に向けた攻撃基地として、アメリカには必要不可欠のものとなっていたのです。

そこで、アメリカは考えます。占領既得権を長期にわたって確保するには、いつまでも日本を占領し続けるのではなく、日本との間でソ連排除の「部分講和」を早く結んでその日本にまずは「独立」を与えること、そして「独立国」日本との間で、基地の安定的な確保のための「駐軍協定」を結ぶほうが得策である、ということです。

アメリカの深慮遠謀が、ここにあります。敢えて逆説的ないい方をすれば、あくなき国益追求に向かうアメリカは、いわば日本を独立させないために（すなわちアメリカの占領既得権を守るために）「独立」させるという巧妙な政治術を駆使するのです。

しかしここで留意したいのは、アメリカの国益追求の立場から進められたこの「対日講和」・「駐軍協定」構想が、被占領国日本に対して必ずしもすべて一方的・強権的であったわけではない、ということです。

日本の保守勢力は占領初期においてこそ、「天皇制存続」と引き換えに、アメリカによる徹底的な「非軍事化」・「民主化」に不本意ながらも甘んじてきました。ところがやがて米ソ冷戦が進行するとともに、彼らは内外共産主義に対する「防壁」としての役割をアメリカから期待され、かくていよいよ敗者の利益を追求し始めるのです。

日本側の外交文書によれば、社会党右派主導の片山哲内閣（民主党・国民協同党との連立）は、同内閣発足三カ月後の一九四七年九月、日本の安全保障に関連して早くもアメリカに働きかけていきます。同内閣の芦田均外相は、第三国の侵略に備えて日本の安全を確保するために「特別協定」をアメリカと結びたい旨の覚書をワシントンにR・アイケルバーガー中将（日本占領軍第八軍司令官）を経由して届けます。さらに芦田外相はこの時期、駐日英代表のA・ガスコインと会ってこう主張します。

つまり、本土の飛行場を防衛し、千島・樺太から北海道を守るため、本土内に米軍などの駐兵が必要である、というのです（一九四七年九月二五日付、外務省、芦田メモ）。またこれより少し前、折から来日中のW・H・ドレーパー陸軍次官との会談を終えた芦田は、日本の主権回復後も、米軍などの「日本駐留」について日米が一致することの期待をメモに残しています（一九四七年一〇月六日付、外務省、芦田メモ）。

†吉田「対等の協力者」構想の挫折と極東条項

重要なことは、この片山社会党内閣の安全保障政策が、その後、戦後政治の礎石を築いた吉田政権に引き継がれたことです。しかし、吉田は、これに関連して最も根幹に触れる問題に直面します。いやしくも独立国家間で結ぶ防衛条約において、日本がいかにアメリカと「対等の協力者」になるかという問題です。

結論からいいますと、吉田が狙った「対等の協力者」構想は、完全に挫折しました。一九五一年九月、ソ連を排除した「対日平和条約」が調印されて、その日のうちに「独立国」日本はアメリカとの間で日米安保条約を結びます。しかしその内容は、アメリカの狙い通り、結局のところ「米軍の日本防衛義務」を含まない、単なる「駐軍協定」に終わったのです。

それは、はっきりいえば、独立国同士が互いに助け合う「相互防衛条約」ではなかった、ということです。調印されたばかりの「対日平和条約」（第五条）は、確かに、日本が「集団安全保障取極」を締結する権利を承認しています。国連憲章（第五一条）は、すべての国に個別的・集団的自衛の「固有の権利」を認めています。

ところが完成された日米安保条約では、日本が主権国家として「固有の自衛権を行使する有効な手段をもたない」がために、自国防衛の「暫定措置」として米軍駐留を「希望」するというのです（「前文」）。日本がアメリカのために基地提供という重い負担を負っても、吉田がその「対価」として要求した「米軍の日本防衛義務」は、条約にはありませんでした。在日米軍は「日本国の安全」を「守る」ためではなく、「日本国の安全」にただ「寄与」するために使用される、というかなり消極的な表現になったのです（第一条）。

しかも極めて特徴的なのは、在日米軍が日本領域とともに「極東の平和・安全」に「寄与」するためにも使用される、といういわゆる極東条項です（第一条）。「日本国の安全」に「寄与」することに加えて、それ以外の地域すなわち「極東の平和・安全」のためにも在日基地が存在するという、世界にも珍しい条項が生まれるのです。

もちろんこれは、アメリカからの強い、しかも突然の要請によるものでした。ただ日本側がこれに抵抗・拒否したという形跡は、外交文書すなわち「西村調書」といわれる「平和条約の締結に関する調書」（外務省条約局法規課）をみる限り、見当たりません。

吉田首相を補佐して安保条約の交渉に当たった西村熊雄（外務省条約局長）は、日本の国益にとって極東条項がどんな意味をもつのかについて理解に欠く部分があったことを後年反省しています［西村熊雄「平和条約の締結に関する調書Ⅵ　昭和二六年五月―八月（上巻）」外務省条約局法規課］。極東条項による米軍の在日基地使用が日本にとって何を意味するのか等々を事務当局が十分精査せずに、「簡単に総理にＯＫしかるべし」と進言したことを、西村は「汗顔《かんがん》の至り」と述懐しているのです（同調書）。

極東条項はのちのち、安保条約上の日本の役割がアジア太平洋へと拡延していくそもそもの論理的始発点になったという意味では、歴史的な意味をもっています。在日基地を日本だけでなく「極東」の安全のためにも自由に使用するという米軍の占領既得権は、完全に維持されたまま独立国日本のなかに生き続けるのです。戦後日本における安全保障政策の禍根の一つがここにあります。後年岸（信介）内閣をはじめ他の内閣がこの極東条項の廃棄をアメリカ側に要求しますが、アメリカはこれを拒否し続けます（後述）。

†アメリカに一蹴された「集団的自衛権行使」

いずれにしても日米安保条約が、総体的にアメリカ優位の不平等条約であることは明らかです。アメリカの対日占領とともに始まった日米非対称システムが十分に機能している姿がみえてきます。非対称システムは、少なくともアメリカ側からすれば、安保条約によってみずからその補強に成功し大きく前進したのです。別のいい方をすれば、米日間の支配・従属、そして優劣の構造は、「駐軍協定」としての安保条約（そして行政協定）の締結によって、より一層制度化され強化されたということです。

なぜ日本は、これほどまでアメリカの優位を受け入れざるをえなかったのか。その理由にはいくつかありますが、最も典型的なものを一つだけ挙げておきます。それは、日米の「集団的自衛」関係を日本ではなくアメリカが拒否したからであり、しかも日本側が交渉力を発揮してこれを押し返すということができなかったからです。歴史の分岐点の一つが、ここにあります。

この問題は、国連憲章（第五一条）にある「集団的自衛」の関係を日米間に設定しようとした日本側の提案が、いわゆるバンデンバーグ決議（一九四八年米上院でバンデンバーグ上院議員提出の決議案が採択された）に抵触するとして、米政府から一蹴されたことに始まります。当時外相の岡崎勝男と条約局長の西村熊雄の証言によれば、次のようになります。

「米国に対しては、きわめて大胆に第九条を解釈し、第九条第二項の制限内であれば日本は米国と相助け合う関係、すなわち、国連憲章第五一条に基づく集団的自衛の取極めをなしうるという立場をとった。これが、ヴァンデンバーグ決議との関係において先方より拒否され、当初の日米安全保障条約のような形のものとなった」（憲法調査会『憲法調査会報告書』一九六四年）。

つまり日本は当時、憲法九条二項の範囲内であれば、集団的自衛権を行使できるという立場をとっていたのですが、アメリカ国内法（バンデンバーグ決議）の壁に阻まれて、結局のところ「当初の日米安保条約のような形」すなわち単なる「駐軍協定」となったのです。

そもそもバンデンバーグ決議（第三項）によれば、アメリカは「自助・相互援助」の力をもたない国とは集団的取極を結ぶことができないのです。アメリカからみれば、日本は

「自助」の力も「相互援助」の力もない、すなわち「一人前の独立国家」ではないというわけです。前述の西村熊雄によれば、日米間に集団的自衛の関係をつくるよう迫る日本側に対して、アメリカは次のように「反問」したというのです。「戦力を保持せず交戦権を認めない国家がいかにして効果的な援助を他国に与えようとするのか」（西村熊雄『安全保障条約論』時事新書、一九五九年）。

アメリカは日本の「自助・相互援助」の力、すなわち「個別的自衛権行使」とともに「集団的自衛権行使」の力を認めなかったのです。これが客観的事実です。「戦力」・「交戦権」を放棄した憲法九条が、否応なく集団的自衛権行使による「日米対等」を一蹴してしまった、というわけです。アメリカからすれば、「戦力」・「交戦権」を認めない九条は、米国が日本を守ることができても、日本が海外派兵を含めて米国を助ける力をもっていないことを示すものでした。

†「九条的禁欲」から「強い日本」へ

かくて私たちは、「自助・相互援助」の力とは何なのかという疑問に突き当たります。アメリカの主張は、その「力」の構成要素はただ一つ、「軍事力」だというのです。これに対して日本側は、その「力」とは生産力や労働力や警察力その他の非軍事的要素を含むのであり、何よりも軍事基地を米側に提供しているではないか、と訴えます（同前書）。アメリカからすれば、軍事力を保持しない日本、すなわち「自助の力」も「相手国を守る力」もない日本を「一人前の独立国家」として「対等」に扱うことはできないというのです。

敗戦国日本がみずからの論理をよほど強く前面に押し出し、あらゆる外交手段を尽くして勝者アメリカを動かさなければ、その主張が通るはずはありません。戦争の惨敗国とはいえ、いや惨敗国であるからこそ、頼るべきは外交力しかないのです。しかし日本の交渉態度は、外交文書をみる限り、むしろ淡白であり抵抗の粘りをみせたとはいえません。

朝鮮戦争勃発（一九五〇年）および安保条約交渉（一九五〇〜五一年）の前後からとくにそうでしたが、アメリカの対日政策は確かに変身します。日米非対称システムの対日アプローチに変化が現われたのです。つまり同システムは、日本がそれまでとってきたいわば「九条的禁欲」の安全保障政策から「再軍備」へとハンドルを切るよう、日本側に公然と要求するようになったということです。

日本の外交文書（『ダレス・ミッション会談録集』一九五一年二月）によれば、この安保条約草案をめぐる日米交渉で、アメリカは日本に「地上軍」保有を繰り返し要求し、「国防省的中央機関」の設置を迫ります。アメリカがこの軍事力増強を前提として憲法（第九条）改正の可能性を日本側に打診したのも、この頃でした。

アメリカは「安保条約」の締結にあたって、日米非対称システムの第二の基層すなわち「新憲法」のなかの「非軍事化」（第九条）を疎んじるようになります。日本が「自助・相互援助」のために再武装することは、それ自体、「対ソ防壁」日本を強くしてアメリカの一方的な対日負担を減らす、ということでもあったのです。

アメリカ極東戦略の要衝である日本は、国務次官補W・S・ロバートソンが明言したように（一九五四年）、いまや「強い日本」でなければならず、「強い日本」になってはじめてアメリカの冷戦政策に貢献できる、というわけです。

いい換えれば、アメリカの期待は、日本が一日も早く応分の「戦力」をもつと同時に、アメリカと「集団的自衛」の関係に入って、少なくとも外形的には「対等の協力者」になることでした。

†「強すぎる日本」への警戒心

しかしこのアメリカの期待は、当然のことながら、集団的自衛権行使と「戦力」を許さない憲法九条という壁に幾度となく跳ね返されます。米ソ冷戦を戦うアメリカにとって決定的な要石となる日本が、「強い日本」になる努力を怠ってアメリカに負担を強いるとみるその苛立ちは、以後基本的には今日に至るまで続くのです。

ここで重要なことが、一つあります。アメリカが求める「強い日本」は、間違っても「強すぎる日本」であってはならないのです。もっとはっきりいえば、自前の核をもつような「強すぎる日本」をアメリカは決して望まないということです。

アメリカが望むのは、アメリカに従順な「強い日本」です。つまりあくまでも日米非対称システム内の「強い日本」なのです。このシステムに収まらない、核武装の「強すぎる日本」は、アメリカにはつねに悪夢でしたし、今日でもそうです。

このことは、日本の「潜在的侵略性」への警戒心が（後述）、アメリカから完全には抜け切っていないことを示しています。それは、ダレス・吉田主導でつくられたあの安保条約「前文」を読めば分かります。つまり同条約は「前文」の最後段で、「（アメリカは日本が）自国の防衛のため漸増的に自ら責任を負うことを期待する」（括弧は原）とのべる一方で、次のように日本の〝不必要な〟軍備拡大を警戒しているのです。

すなわち、「日本国が、攻撃的な脅威となり又は国際連合憲章の目的及び原則に従って平和と安全を増進すること以外に用いられうべき軍備をもつことを常に避け」なければならない、というわけです。いってみれば、日米非対称システムは、安保条約締結によって「在日基地自由使用権」等を改めて確保するとともに、日本の「力」（軍事力）をアメリカの世界戦略に沿って按配していく一つの有力な法的装置を手に入れた、ということになるのです。

かくて、戦争終了と同時に生まれた日米非対称システムは、これを構成する第一の基層すなわち「天皇制」と第二の基層すなわち「日本国憲法」、そして最後に第三の基層としての「日米安保条約」をみずからの体内に取り込んだことによって、一応その内実を完成させたということになるのです。

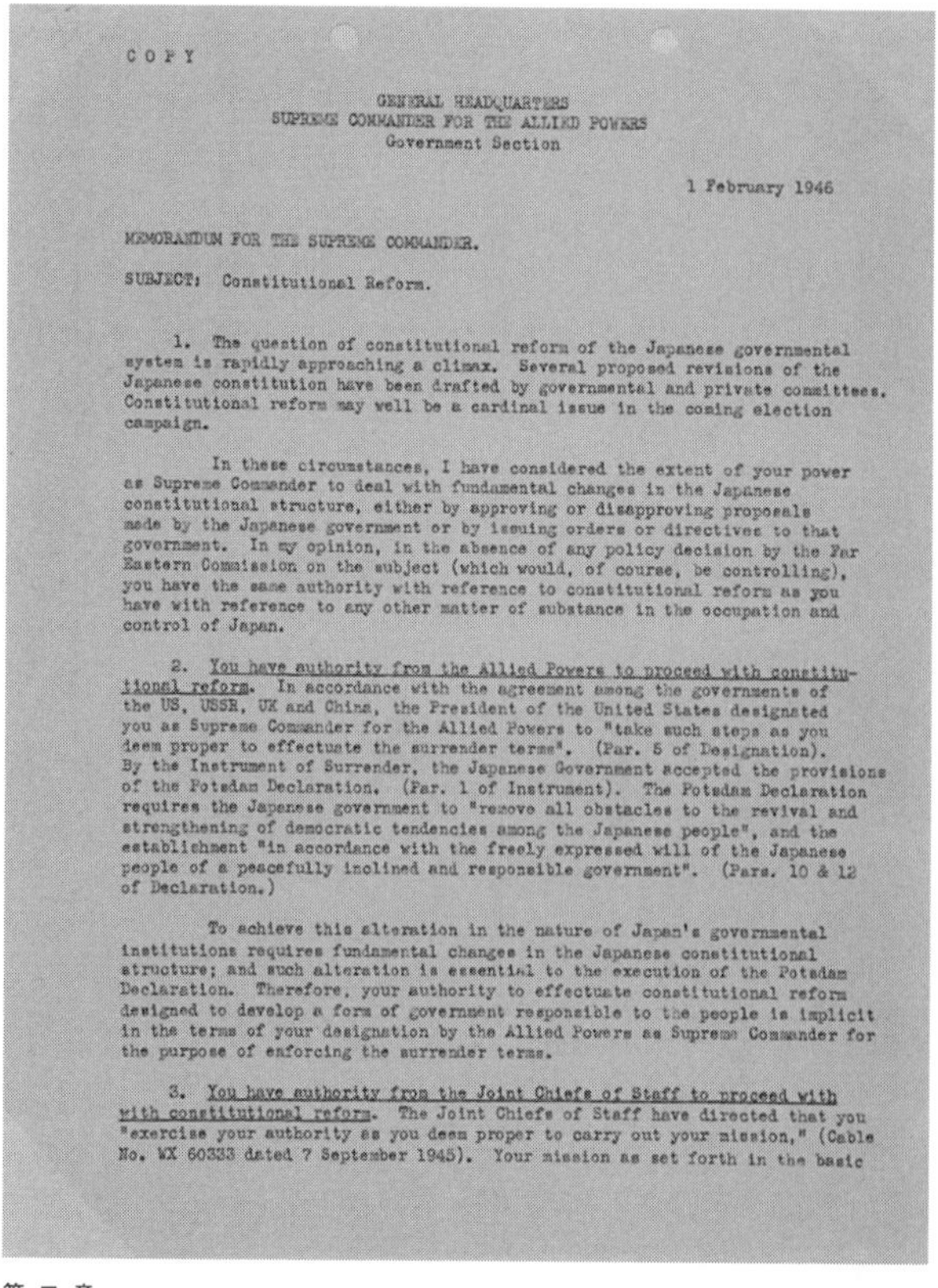
C O P Y

GENERAL HEADQUARTERS
SUPREME COMMANDER FOR THE ALLIED POWERS
Government Section

1 February 1946

MEMORANDUM FOR THE SUPREME COMMANDER.

SUBJECT: Constitutional Reform.

1. The question of constitutional reform of the Japanese governmental system is rapidly approaching a climax. Several proposed revisions of the Japanese constitution have been drafted by governmental and private committees. Constitutional reform may well be a cardinal issue in the coming election campaign.

In these circumstances, I have considered the extent of your power as Supreme Commander to deal with fundamental changes in the Japanese constitutional structure, either by approving or disapproving proposals made by the Japanese government or by issuing orders or directives to that government. In my opinion, in the absence of any policy decision by the Far Eastern Commission on the subject (which would, of course, be controlling), you have the same authority with reference to constitutional reform as you have with reference to any other matter of substance in the occupation and control of Japan.

2. You have authority from the Allied Powers to proceed with constitutional reform. In accordance with the agreement among the governments of the US, USSR, UK and China, the President of the United States designated you as Supreme Commander for the Allied Powers to "take such steps as you deem proper to effectuate the surrender terms". (Par. 5 of Designation). By the Instrument of Surrender, the Japanese Government accepted the provisions of the Potsdam Declaration. (Par. 1 of Instrument). The Potsdam Declaration requires the Japanese government to "remove all obstacles to the revival and strengthening of democratic tendencies among the Japanese people", and the establishment "in accordance with the freely expressed will of the Japanese people of a peacefully inclined and responsible government". (Pars. 10 & 12 of Declaration.)

To achieve this alteration in the nature of Japan's governmental institutions requires fundamental changes in the Japanese constitutional structure; and such alteration is essential to the execution of the Potsdam Declaration. Therefore, your authority to effectuate constitutional reform designed to develop a form of government responsible to the people is implicit in the terms of your designation by the Allied Powers as Supreme Commander for the purpose of enforcing the surrender terms.

3. You have authority from the Joint Chiefs of Staff to proceed with with constitutional reform. The Joint Chiefs of Staff have directed that you "exercise your authority as you deem proper to carry out your mission," (Cable No. WX 60333 dated 7 September 1945). Your mission as set forth in the basic

第二章

憲法九条と国際政治

極東委員会が憲法改正の政策決定をする前ならば、GHQに憲法改正の権限があるとマッカーサーに進言したホイットニー民政局長のメモ（1946年2月1日、国立国会図書館所蔵）

1　憲法九条——その「絶対平和主義」

†「安保ただ乗り」論と外交力

前章でみた通り、アメリカは安保条約の起草にあたって日本を「一人前の独立国家」とは認めませんでした。アメリカが安保条約を単なる「駐軍協定」にして、在日基地の「自由使用」という占領既得権を対日講和後もそのまま保持しえた最大理由の一つは、日本を「一人前の独立国家」とは認めなかったことにあります。一方日本は日本で、米ソ冷戦のなかアメリカへの基地提供に一定の「安全保障」（国益）を見出していたことは事実です。

かくて日本の敗戦・被占領とともに造形された日米非対称システムは、やがて安保条約を生み落としてアメリカの基地使用権に法的正当性を与えたことによって、みずからをより一層強固にしたといえます。つまり、いま一度確認しておきたいのは、安保条約が、日米互いに助け合う「相互防衛条約」ではないこと、そしてアメリカに対しては「日本防衛義務」を負わせることなく、一方で「在日基地自由使用」等の占領既得権を引き続き許した、ということです。

安保条約が「物（基地）と人（米軍）との協力」であり「相互性」は確保されている、と日本側は主張します（西村、前掲『安全保障条約論』、括弧は原）。しかしアメリカにとってこの論理はほとんど意味をなさなかった、といえます。一九六〇年の安保改定によって生まれた新安保条約もまた、従来の安保条約（以下「旧安保条約」ともいう）と同様、「相互防衛条約」とはなりませんでした。

というのは、新条約第五条でこう規定されたからです。「各締約国は、日本国の施政下にある領域における、いずれか一方に対する武力攻撃が、自国の平和及び安全を危うくするものであることを認め、自国の憲法上の規定及び手続に従って共通の危険に対処するように行動することを宣言する」。つまり、米国は日本全土を、日本は国内の米軍基地のみを守るというものです。条約の核心条項である第五条において米国の対日防衛義務が日本の対米防衛義務をはるかに凌駕することは明らかです。米国が五条の片務性を強調するゆえんです。

安全保障に関する限り、物（基地）と人（米軍）との異種協力（もしくは異種交換）ではなく、人命（血）と人命（血）の同種協力（もしくは同種交換）の関係が成立してはじめて「対等の協力者」関係が生まれる、というのがアメリカの論理、いや世界の論理です。日本がアメリカ側から「安保ただ乗り」（最近では「安保安乗り」ともいわれる）と批判されるのは、新安保条約になっても、このアメリカないし世界の論理が実現されていないという同国の不満を如実に示すものです。

仮に日本がこの「安保ただ乗り」論を容認できないなら、弱者日本はその外交力をもって強者アメリカに自説を納得させなければなりません。国家と国家との間には、甘えや慈善はほぼないと考えてよいでしょう。弱国日本に必要とされる最後の武器は、だからこそその外交力、いやその「卓越した」外交力しかないのです。

日本がアメリカの全領土（領土面積は日本のおよそ二五倍）とはいわずとも、せめてグアム・サイパンなど西太平洋諸島の有事（あるいはハワイなど太平洋諸島の有事）には派兵してこの地域を守るという、集団的自衛権行使の意思を条約上示すことができれば、少なくとも形のうえでは「相互防衛条約」という名の同盟関係が生まれたはずです。米韓相互防衛条約がそうですし、形式としてはいまも存在する米比相互防衛条約も実はそうなのです（両条約とも共同防衛地域は「太平洋地域」）。

アメリカは日本のために集団的自衛権を行使するが（すなわち日本防衛のために米軍兵士は犠牲を払うが）、しかし日本は集団的自衛権を行使せず（すなわちアメリカ防衛のために自衛隊員は犠牲を払わず）、それでもなおアメリカに対等の「相互防衛条約」を受け入れさせるのは、客観的にみて不可能です。ただし、日本があのビスマルクを越える外交力をもっていれば、別ですが……。

†「保護国日本」と憲法九条

しかし、日本にその外交力ないし外交意思がないとなれば、Z・ブレジンスキー（J・カーター米大統領の国家安全保障問題担当大統領補佐官）の次の言葉に反論することは難しいでしょう。「（一九六〇年発効の）日米安保条約（第五条）では、米国は日本を守る義務はあるが、日本に米国を守る義務はない。だから『保護国』という言葉に日本は気分を害するべきではないんです。もし（日本が）不快感を覚えるとすれば、〈明確に〉米国を守る用意があることを示す形で日米安保条約の（再）改定を提案することです」（毎日新聞、二〇〇六年六月二八日付、〈　〉以外の括弧は原）。

このブレジンスキーの発言は、別に特異なものではありません。日本側がそこに「相互性」ありと思い込んでいる、「物と人との協力」すなわち「異種交換」としての日米安保条約ではなく、相手国のため互いに血を流し合う「同種交換」としての「相互防衛条約」になれば、どんな風景がみえてくるでしょう。もし「同種交換」の「相互防衛条約」になれば、当然ながら、対日占領以来の米国既得権である「基地自由使用権」（安保改定によっても、米軍の「基地自由使用権」の本質は、後述の通り変わっていない）や安保条約の極東条項などは、それらがいかにアメリカの過剰権利であるかを浮き彫りにすることでしょう。そうなれば、これらアメリカの既得権が、改めて両国交渉のテーブルに乗ってもおかしくはありません。

しかしそうはいっても、時系列的には「基地自由使用権」も極東条項も、日本側の「集団的自衛権行使」（集団的自衛権行使は、二〇一五年の安全保障関連法の成立によって、条件付きで可能になったのだが）よりはるか何十年も前から、それこそアメリカ固有の権利であるかのように定着しているのが現実の姿です。日米安全保障関係が、いかに複雑な構造を背負っているかということがよく分かります。

繰り返しますが、アメリカが日米安保条約を非対称・不平等にしたその最大の理由は、「物（基地）と人（米軍）との協力」は可能であるという日本側の主観（思い込み）とは別に、強者アメリカが日本を「一人前の独立国家」すなわち「対等の協力者」とはみなかったからです。しかもその理由ないし根拠を辿っていけば、結局のところ、アメリカみずからが主導した憲法九条に行き当たってしまうのは、既述（第一章）の通りです。

となれば、私たちはできるだけイデオロギーの立場を排除して、いま一度客観的文脈、とりわけ国際関係のダイナミズムのなかにこの九条を置いてみる必要があります。筆者は憲法の専門家ではありませんが、敢えて一市民の立場からこの九条に向き合ってみたいと思います。

†芦田修正の含意

考えるべき第一のポイントは、もちろん九条自体の原義といいますか、九条の文字面《づら》から浮かび上がるその「素の顔」をじっくり凝視してみることです。

まずは九条の条文をそのまま記します。

第九条［戦争の放棄、戦力の不保持、交戦権の否認］

①日本国民は、正義と秩序を基調とする国際平和を誠実に希求し、国権の発動たる戦争と、武力による威嚇又は武力の行使は、国際紛争を解決する手段としては、永久にこれを放棄する。

②前項の目的を達するため、陸海空軍その他の戦力は、これを保持しない。国の交戦権は、これを認めない。

二つの項から成るこの九条の骨格は、まず一項についてですが、国家主権の行使である「国際法上の戦争」（少なくとも、宣戦布告がなされ国際法上の戦時法規に拘束されるもの）だけでなく、「戦争」に至らない「武力による威嚇」や「武力の行使」さえも「永久に放棄」する、という点です。

ただし、「戦争」を含むこれら三つの事項が「放棄」されるには、ある条件が満たされなければなりません。それが「国際紛争を解決する手段としては」という縛りです。国家間に対立・紛争が起こったとき、少なくとも日本はこれを戦争や武力の威嚇・行使によって決着を図ってはいけない、というわけです。

裏を返せば九条一項は、他国の武力侵攻に対する正当防衛戦争すなわち自衛戦争についてはこれを放棄する、とはいっていないのです。そこへもってきて、一九四六年八月のいわゆる「芦田修正」（衆議院は憲法改正特別委員会を設け、さらにその下部組織として小委員会をつくったが、両委員会の委員長であった芦田均の主導で米国起草の九条案を修正した）なるものが二項に施されます。「前項の目的を達するため」という文言が、米国案文の前に付加されたのです。これによって、「国際紛争を解決する手段」としての「戦争」を「永久に放棄する」という目的以外の、例えば「自衛戦争」に用いる「陸海空軍その他の戦力」なら許されるとも読めます。

事実、芦田修正の「意図」に鋭い警戒心を向けたのが、極東委員会（ワシントンにある対日占領管理のための連合国最高決定機関）でした。とくに同委員会のメンバー国である中国は、この芦田修正に強い疑念を抱きます。つまり一項を受けて二項の初めに、「前項の目的を達するため」を日本側が加えたことに関連して、中国は次のように発言しています。

すなわち、「GHQ草案の九条一項で定められた目的とは別の目的のためであるなら、実際には自衛のための陸海空軍保持が認められる、という解釈の余地を残すよう」衆議院が修正したのだ、というわけです（Far Eastern Commission, Transcript of Twenty-Seventh Meeting of the Far Eastern Commission, Saturday, Sep. 21, 1946）。自衛戦争を認める一項に続いて「芦田修正」を加えた二項によれば、自衛隊は少なくとも違憲ではない、いや陸海空軍その他の戦力さえ違憲ではないと理解しても間違いではありません。

ただし、二項後段の「国の交戦権は、これを認めない」という文言は厄介です。なぜなら、この一〇数文字の短文を、ⓐそれ自体独立のフレーズとみるか、それとも、ⓑ「前項の目的を達するため（中略）これを保持しない」という前段と、「交戦権」否認の後段とは、たとえ前段の終わりに句点があっても、意味合いとしては一つの文章として連結しているとみるか、そのどちらかによって九条全体の含意が違ってくるからです。

ⓐについてですが、二項の文章構成からすれば、「国の交戦権は、これを認めない」は、完全に独立した条文であるゆえ、無条件の「交戦権」否定を意味します。つまりこの「交戦権」が無条件に否定されたとなれば、芦田修正によって自衛手段としての「戦力」をも

ちえても、その行使は結局のところ不可能になりますし、一項が認めている「自衛権」さえも行使できないということになります。この「交戦権」の無条件否定こそは、これから触れる吉田首相のそもそもの九条解釈でした。さらには前章でのべたように、この「交戦権」の無条件否定は、米国が日本を「一人前の独立国家」とは認めないその根本理由の一つになったのです。

しかしⓑの立場、すなわち二項の前段と後段の文章を一つのかたまりとして捉えるとどうなるか。「前項の目的を達するため」に「戦力」は「これを保持しない」のであり、その限りにおいて「国の交戦権は、これを認めない」ということになります。裏を返せば、「自衛戦争」は可能であるとともに（二項）、自衛戦争のための「陸海空軍その他の戦力」はこれを保持できるのであり、よって「交戦権」は認められる、というふうにもとれます。かくて九条はその文章表現の不備もあってか、最初から党派的、イデオロギー的、そして政策的な立場からさまざまな解釈を許す宿命を負うことになるのです。

吉田茂の「絶対平和主義」

それにつけて重要なのは、吉田茂の「九条」発言です。憲法草案を審議したいわゆる制憲議会で、首相吉田茂が九条に「絶対平和主義」の解釈を施したからです。一九四九年から始まる吉田の「解釈改憲」（後述）よりもはるか以前に、第一次吉田内閣は早くも九条に独自の解釈を施していたのです。この「絶対平和主義」の解釈は、後に度重なる「解釈改憲」によって結局は「再軍備」の道を開いた吉田にしては、全く意想外の発言でした。

つまり、ＧＨＱのホイットニー民政局長から新憲法草案を手交されて四カ月後（一九四六年六月）、吉田は衆議院本会議で、おおよそ次のように強調したのです。

第一に、憲法九条についてだが、「国家正当防衛権による戦争」を認めるのは有害であること、そして九条二項では「いっさいの軍備と国の交戦権を認めない結果、自衛権の発動としての戦争も（中略）放棄したもの」だというのです。

第二に、なぜ自衛戦争を含むあらゆる戦争の放棄が必要なのか、といえば、近年の戦争の多くが満州事変・太平洋戦争のごとく「自衛権」の名においてなされたこと、つまり「国家正当防衛権」を認めることが、たまたま戦争を誘発するがゆえに「有害」なのだ、というわけです。

第三に、吉田が正当防衛権としての自衛権まで否定して、これを「有害」と断じたその背景には、国家の安全を国際平和団体すなわち国際連合に委ねることへの期待があったということです。「平和に対する冒犯者」は「全世界の敵」であり、「平和に対する国際的義務が平和愛好国若しくは国際団体の間に自然生ずる」というのです。

旧体制派であり現実主義者である吉田、しかもかつて外交官として国際政治の権謀術数を知りつくしている吉田、その人物がなぜ一国の総理として九条のなかにいわば「絶対平和主義」を捉えてみせたのか。吉田は被占領国の為政者としての立場から、早くも九条の文字面にみずから理想主義的な「解釈」を加えていたのです。

つまり吉田は、「非戦・非武装」が九条の真の姿であることを強調します。そして「自衛権」が九条以前の自然権であるにもかかわらず、吉田はこの「自然権」をさえ完全否定するかのような発言をしているのです。

この吉田の態度は占領者マッカーサー元帥への恭順のポーズであったという見方もできます。もっと踏み込んでいえば、「尊皇の政治家」臣茂がみずから熱望してやまない「天皇制温存」を実現するためなら、「自衛戦争」をさえ放棄してもよいという覚悟をマッカーサーに示威したともみることができます。

それにしても、国家の正当防衛権ないし自衛権を放棄するかのような印象を日本政府が国民に与えたことは、戦後日本にとってある種重大な意味をもっていたといえます。なぜなら、この吉田の「絶対平和主義」は、のちに吉田みずからこれを否定して現実的に読み替えるといういわゆる「解釈改憲」を重ねていったにもかかわらず、今日に至るまで長らく多くの国民の心情に刻み込まれてきたからです。

「非戦・非武装」の「絶対平和主義」九条は、ともすれば、これを無条件に保守すべき一個の信仰箇条にまで仕立てられて戦後日本を動かしていくという点では、端倪《たんげい》すべからざるものがあった、といえます。

✝芦田修正を歓迎したGHQ

ところで、アメリカ側が新憲法草案の作成イニシアティブを日本政府に与えたにもかかわらず、政府自身そのイニシアティブを活かすことができなかったという、前章で触れたあの事実は、それが日本指導層の頑迷な保守性のなせる業《わざ》であったという点では、確かに印象的でした。

しかし九条に関していえば、一九四六年八月衆議院でなされた前記「芦田修正」なるものは、日本側のどちらかといえば中庸を得た主体性の発露であったといえます。つまり芦田は、「無条件の武力放棄はしない」というその「含意」を九条二項に潜ませたことによって、およそ現実にはありえない、そしてそれゆえに将来必ずや修正されるであろうその「絶対平和主義」を阻もうとしたわけです。

驚くべきは、この「芦田修正」がGHQによって拒否されるどころか、むしろ歓迎されたということです。芦田が「修正案」を持参して接触した相手は、九条起草を担当した

C・L・ケーディス大佐でしたが、そのケーディスの証言が残っています。

彼はこう回想します。「芦田が第九条の修正案を提案を《ママ》してきた時は、むしろうれしく思いましたね。というのは、あの修正によって、独立国としての立場が明らかになったからです」（鈴木昭典『日本国憲法を生んだ密室の九日間』角川ソフィア文庫、二〇一四年）。ケーディスはこうもいいます。「個人に人権があるように、国家にも自分を守る権利は本質的にあると思います」（同前書）。

しかし興味深いのは、このように「芦田修正」が占領側の了解を得て新憲法第九条として成立しても、同「修正」がすぐさま日本政府の公式解釈に取り込まれることはなかった、ということです。被占領国日本は占領権力側の立場を忖度《そんたく》したためなのか、みずからの死活的権利としての「自衛権」や、自衛のための「戦力」を「放棄」することさえも従容《しょうよう》として受け入れたのです。この日本側の態度は、「アメリカ絶対優位」を詰め込んだあの日米非対称システムを強めこそすれ、弱めるはずはありません。

もちろん、九条以外でも日本側がGHQ草案の一部内容や字句の修正をアメリカ側に申し入れて実現したものがあることは事実です。しかし、敗戦国日本が「国のかたち」の根幹ともいうべき安全保障についてはマッカーサーに従順であろうとするなか、九条変更としての「芦田修正」を、占領権力側が「待ってました」とばかりにこれを歓迎したというのですから、不思議な感慨に打たれます。

†「絶対平和主義」へのリベラリストの異論

ただ、政権当事者でなかったとはいえ、高柳賢三や南原繁《なんばらしげる》のようないわゆる中道リベラリストが、九条の「絶対平和主義」に公然と異を唱えたことの意味は、決して軽くはありません。例えば政治学者南原繁は、貴族院本会議でおおむねこう主張します。

第一に、人類種族が絶えない限り戦争は「歴史の現実」であること、したがってこの歴史の現実を直視して、国家の自衛権と最小限の兵備を認めるのは当然であり、日本がこれを放棄して「無抵抗主義」を採用する何らの道義的義務もないこと。

第二に、日本が自衛権と軍備を放棄すれば、この国は「永久に唯他国の好意と信義に委ねて生き延びむとする所の東洋的な諦め、諦念主義に陥る危険はないのか」ということです。そして第三に、国内外からの秩序破壊に対する最小限の防衛をも放棄することは、「国家としての自由と独立を自ら放棄したもの」にほかならない、ということです（貴族院本会議、一九四六年八月二七日）。

要するに南原は、憲法草案の九条を「非戦・非武装」の「絶対平和主義」と解するなら、日本はある種の「敗北主義」に陥ることになろうと警告しているのです。新憲法のなかには古来幾多の哲学者・宗教家が構想してきた理想が込められているが、「理想は高ければ高いだけ、それだけに現実の状態を認識することが必要」だということ、そうでなければ、それは「単なる空想に終る」と国民に注意を喚起しているのです（同上）。

また高柳賢三も、自著で次のようにのべています。「主権国家から成る現在の国際社会を前提とするかぎり、たとえ、一国の憲法で国家の自衛権を放棄したとしても、それは有効であるのかという疑問が、当然起こるべきであったが、わが法学界ではそうした疑問を解明するための本質的論議は全然行なわれなかった」（高柳、前掲『天皇・憲法第九条』）。

みずから何物にも左右されない至上権としての主権をもつ諸々の国家、その諸々の国家から成る国際社会で、日本は「非戦・非武装」の九条をもって生き抜いていくことができるのか。何千年かけても権力闘争・戦争を捨てきれないこの国際社会で日本一国のみが自衛権を放棄しても、その日本は果たして国家として存続できるのか、この懸念こそ南原のものであり、高柳のものでした。いかなる政策も、所詮は「現実」によってテストされる運命にあることはいうまでもありません。

2 憲法九条の逆説

†いち早くアメリカを頼った片山政権

こうして議論を進めてきますと、九条の根源に見え隠れする論理の重大な転回点がみえてきます。前出吉田発言（一九四六年六月）にもあったように、九条の文字面から浮かんでくる「素の顔」に「絶対平和主義」の「解釈」を施すとなれば、南原がいうように、それは「無抵抗主義」であり、「国家としての自由と独立を自ら放棄したもの」となるでしょう。

日本の刑法第三六条一項には、こう定められています。「急迫不正の侵害に対して、自己又は他人の権利を防衛するため、やむを得ずにした行為は、罰しない」（傍点は原）。私たちは国内（刑法）では自衛権（正当防衛権）として自身を、そして場合によっては他者をも守る権利を有します。しかし憲法の「絶対平和主義」を国際政治のなかに置いてみますと、刑法に守られている同じ私たち国民は、他国民どころか自国民を守る自衛権（正当防衛権）をさえもつことができない、ということになります。

いわゆる「マッカーサー・ノート」に「戦争放棄」の原則を入れたマッカーサー自身でさえ、この憲法の「絶対平和主義」すなわち「戦争放棄」・「戦力不保持」はある一定の世界秩序があってはじめて実現することができるのだ、と釘を刺しています。「戦争放棄」・「戦力不保持」は「同時・普遍的でなければならない」(*Verbatim Minutes of the First Meeting*, Allied Council for Japan, 6 April 1946) というのが、マッカーサーの基本的な立場でした。もし「戦争放棄」・「戦力不保持」が世界中で「同時・普遍的」になされるのでなければ、「九条国日本」は、荒野に放たれた小羊になるだけだというわけです。

こうした状況は日本人ばかりでなく、世界の人々が誰でも容易に理解できることです。個々人が抱く生命への危機感、そして国家国民が抱くその存亡への不安から自衛策を講ずるのは、人間が本来もっている自然権であり、何よりも人間の防衛本能からくるものです。

新憲法施行後最初に生まれた内閣、すなわち片山(哲)社会党連立政権(一九四七年成立)は、九条の「非戦・非武装」解釈に不安と危うさを覚えて、いち早く「最強武装国」アメリカを頼りにします。

当時の保守陣営や片山ら社会党右派の反共勢力からすれば、日本が共産党一党独裁・「反天皇」のソ連に接近することは、論外でした。さりとて日本がその「安全」を国際連合に委ねることは、国連が超国家機構として国際統治力を発揮しえない以上、およそ現実味のない話でした。

†「九条の逆説」と日米非対称システム

しかし、みずからが実際に武力攻撃に見舞われるかもしれないこの世界で、徒手空拳の日本は、結局は「生きる」ために誰か（あるいは何か）に頼らなければなりません。さまざまな主権国家から成る国際社会にあって、「平和を愛する諸国民の公正と信義に信頼して」（憲法「前文」）、日本がみずから「非戦・非武装」（憲法九条）に徹すれば徹するほど、皮肉にも（そして、やむをえず）他国の「戦力・交戦権」に依存していかざるをえないという構図が、現実のものとなるのです。

現に対日占領権を行使しているアメリカ、そして日本側の切望する天皇制残置の側に立つアメリカ、さらには在日軍事基地をいままさに使用しているアメリカ……。日本はこのアメリカにそのまま基地利用を認めつつ、日本の安全を守ってもらう道を選ぶことになるのです。いや、「選ぶ」というよりも、九条ゆえに「戦力・交戦権」を失った日本は、「生きる」をアメリカに依存せざるをえなかった、という表現の方が適切かもしれません。

「戦力・交戦権」を放棄したと解される「九条国日本」が、逆に九条の最も嫌う「戦力・交戦権」をもつ最強国アメリカに、結局はみずからの「安全と生存」を委ねていくという歴史の現実は、否定しようもありません。九条の逆説がここにあります。

この「九条の逆説」が事実において深まれば深まるだけ、日米非対称システムが強化されていくのは、理の当然です。「非戦・非武装」の九条によって生まれたいわば「権力の空白」は、アメリカの「戦力・交戦権」すなわち世界最強の実力と権力をもって満たされる、という皮肉な構図がみえてくるのです。

社会党右派の西尾末広が片山内閣の官房長官および芦田内閣の副総理であった頃（一九四七～四八年）、安全保障について何を考えていたか、西尾の側近であった中村正雄はかつて筆者にこう証言したことがあります。

「口で平和、平和といっても、日本の安全が守られるわけではない。どうして日本の安全が守られるかと……日本が軍隊をもてないとなれば、ソ連の脅威を考えて、やはりアメリカ自身に日本を守る責任がある、というのが西尾の出発点であった」（中村正雄インタビュー、一九九六年五月一五日）。

「アメリカ自身に日本を守る責任がある」という西尾のこの切実な対米期待感は、日米非対称システムの構築へと動いたアメリカの主導力に、この「非戦・非武装」の「九条国日本」が進んで呼応していく、その姿を示しています。

†九条に押し寄せる「現実」の大波

「非戦・非武装」の九条は、最強の「戦力」と最大限の「交戦権」をいつでも発動するというアメリカの政治的意思があってこそ生き長らえていくのです。篠田英朗によれば、「九条の仕組みは、日米安保体制の裏付けがあって初めて運用可能になる」というわけです（篠田英朗『集団的自衛権の思想史』風行社、二〇一六年）。対米依存と対米従属の構造がより一層固まっていく瞬間です。最高裁判所が一九五九年、駐留米軍は九条二項にいう「戦力」には当たらない、との判断を示しました。しかしこうした司法的見解とは別に、九条は事実上「反」九条に助けられて生きていくのです。

紛争・戦争の絶えない国際政治のなかで、ひとり日本だけが、それも「戦力・交戦権」を放棄したとされる「九条国日本」が他国の力を借りずに生きていくことは、「理想」としてはともかく、現実の問題としては不可能だったといえましょう。

片山内閣からおよそ半世紀後（一九九四年）、日本社会党の村山富市が自民党（および新党さきがけ）と組んでつくった村山連立内閣が、社会党の「非武装・中立」というあの「九条的」党是をあっさり放棄して「自衛隊合憲」・「安保堅持」へと「政策大転換」のやむなきに至ったのは、このことを実証するものです。

いずれにしても九条は、その理想があまりにも高いだけに（あるいはあまりにも九条を理想的に意味づけたために）、すぐさま押し寄せる「現実」の大波に抗しきれず、やがて九条の自己否定に流されていくのです。幣原（喜重郎）内閣を引き継いだ第一次吉田内閣は、前出の通り制憲議会（一九四六年六月）で、九条が「自衛戦争」を含むあらゆる戦争を放棄しているとの解釈をしてみせます。そして吉田は、九条が一切の「軍備」を禁じているとの見解を打ち出しました。しかし彼は、憲法施行から早くも二年半後には（一九四九年一一月）「武力によらざる自衛権」を容認し、その二年後には（一九五一年一〇月）「自衛権の発動」としての「戦争」を認めます。

吉田は、一九五二年三月（六日）の国会答弁（参議院予算委員会）でさらなる「解釈」を試みます。彼はこの日、九条についてこう説明します。つまり憲法に禁じてあるのは、「国際紛争解決の手段としての戦力」であって、「自衛手段の戦力」を禁じているわけではない、というのです。

ここにきて、「芦田修正」が明確に生かされていることが分かります。前出中国の「芦田修正」への疑念、すなわち芦田修正によって自衛のための軍隊保持を許す解釈が可能になったという同国の対日警戒心が、いよいよ現実のものになったのです。

ところがその四日後（一九五二年三月一〇日）の答弁（参議院予算委員会）で、吉田は九条が

「戦力」を禁じていることを認め、「たとえ自衛のためでも戦力を持つことはいわゆる再軍備」だとして、この「戦力」なる用語を取り消すのです。

しかし、再び「ところが」といわざるをえない事態が発生します。翌五三年一一月（三日）の国会で吉田が、近く設置されるであろう「自衛隊」（一九五四年七月発足）を「軍隊」と称してもよいこと、そしてそれが「戦力に至らざる軍隊」であるゆえ、「憲法の範囲内において許し得る」ものだ、と主張したからです（衆議院予算委員会）。

†アメリカが求めた「強い日本」

それにしても、「戦力」とはどのレベルを指すのか、全く不明です。とくに欧米人には、〝神秘的〟とさえ映ったようです。一九五三年一〇月の池田勇人《はやと》（自由党政調会長）・ロバートソン（国務次官補）会談で、ロバートソンは、日本側をこう揶揄《やゆ》します。

「戦力になればいけない、戦力以下ならよい、というのはどこに線を引くのだ。仮に一〇万なら良くて、三〇万では悪い、というのはどういうことなのだろう。（中略）『戦力』とは）虹のようなもので、あそこ迄行けば突き当ると思っても、そこ迄行ってみるとまだまだ大丈夫ということではないのか」（宮沢喜一『東京―ワシントンの密談』実業之日本社、一九五六年、括弧は原）。

政治は文化の表現態でもあります。日本人の精神文化でなければ、「戦力に至らざる軍隊」などという〝迷〟文句はなかなか理解できません。いや、同会談に陪席の宮沢喜一（後の首相）によりますと、「日本人でも首をかしげる人」が少なくなかったようです。それでも歴史は、この種の摩訶《まか》不思議なフレーズによって動いていくのです。

ところで、吉田が「戦力に至らざる軍隊」として自衛隊を合憲としたのは、前述の通り一九五三年一一月ですが、この「解釈」を基盤とする「再軍備」の本格化が、同じ五三年（一月）のアイゼンハワー政権誕生と重なっているのは、決して偶然ではありません。

講和・安保両条約を完成させたダレスは、みずからアイゼンハワー政権の国務長官になるや、いわゆる大量報復政策（ニュールック政策）をもって共産主義と闘うべきことを主張します。この大量報復政策は、米国が日本を含む西側諸国に海空軍と核の傘を提供すること、しかし陸軍については西側各国が駐留米軍に代えて自国地上軍を「みずからの手で固める」よう迫るものでした。

とりわけ日本の防衛力整備が遅れているとみるアメリカは、ことあるごとに日本に防衛力強化を求めます。岸信介が政権に就いて間もなく開かれたワシントンでの岸・ダレス会談（一九五七年六月二〇日）は、当時アメリカ側が抱いていた対日感情を率直に表わすものでした。ダレスは次のように発言します。

「日本の（防衛）努力は、他の自由諸国の努力に比較して不足しているがゆえに、もっと本気でなされなければならない。アメリカはGNPの一一%、イギリスは苦しい財政事情にもかかわらず一〇%、大半のヨーロッパNATO諸国は八〜九%を安全保障措置に費やしている。われわれの計算によると、日本はおよそ二%である。（中略）日本がその防衛責任をわずかしか引き受けていないという見方を避けてしまうことは、アメリカ政府及び議会では難しい」（Memorandum of Conversation, Kishi Visit, June 20, 1957, KIV/MC-5a）。

アメリカは、日本を従順な「敗戦国」のままにしておくという戦略から転じて、防衛力強化による「強い日本」をつくってみずからの軍事・財政負担を軽減しようとしたのです。「強すぎる日本」ならぬ「強い日本」と「対米従属」とが矛盾しないギリギリの地点をつねに模索していくということが、いまやアメリカの対日戦略となったわけです。

切り札としてのMSA援助

かくてアメリカが「強い日本」づくりの切り札として押し出してきたのが、いわゆるMSA（一九五一年制定の相互安全保障法）援助です。ダレス国務長官は、MSA援助について議会で次のようにのべます。「日米安保条約のもとで、日本がその経済力の範囲内で直接・間接侵略に対する自衛の責任をますます強くもつことが期待される。この相互安全保障計画は、日本の国内治安および自衛のための武器調達資金を与えるものである」(Department of State for the Press, No. 241, May 5, 1953)。

ＭＳＡ援助は、日本が国内外共産勢力にまずは自力で対抗するための再軍備、とりわけ地上軍増強に向かうよう日本に軍事・経済・技術面での援助を供与するというものです。

しかもダレスによれば、このプログラムは、あくまでもアメリカの「自利(セルフ・インタレスト)につ いての確固たる考慮」に基づくものであって、決して友好国への「慈善(チャリティ)」のためではないということです。アメリカによる西側諸国への援助は、それがいかなるものであれ、アメリカの「安全」(国益)を損なうものであってはならないのです。

一方日本では、政権党(自由党)を含む保守陣営は、さまざまな曲折を経てこのＭＳＡ援助を受け入れます。再軍備を進めるにしても、「九条を超えるレベルの再軍備・海外派兵」を日本に求めないという「言質」をアメリカ側から得たうえで、日本政府は国内での激しい反対論を押し切って同援助を受諾したのです(一九五四年三月、ＭＳＡ協定締結)。

つまり、「憲法を超えるレベルの再軍備・海外派兵」はこれを求めない、という条件をアメリカ側が承諾したことは、複雑な事情を抱える日本側の要請に応えるものではありません。しかし一方で、日本にＭＳＡ援助を与えて「強すぎる日本」ではなく「強い日本」に育てることによって、アメリカは日米非対称システムを引き続き維持拡大していくことができたということでもあります。

†外交用具としての「九条」

そうはいっても、日本の「防衛力増強」に対するアメリカの期待が、みずから主導した「憲法九条」の壁に阻まれてしまったことは事実です。ニクソン副大統領が一九五三年（一一月）、戦力禁止を規定した一九四六年の新憲法は誤りであったという趣旨をのべたことは（「ニクソン米副大統領の日米協会における演説、一一月一九日」、鹿島平和研究所編、『日本外交主要文書・年表第一巻』原書房、一九八三年）、まさにこのことを示しています。

振り返ってみれば、吉田がアメリカからの「再軍備」要求に「九条」をもって対抗したのは、これが初めてではありません。例えば、これより前の一九五一年一月、講和・安保両条約の案文づくりのために来日したダレスに向かって、吉田はこうのべています。「日本は、民主化と非武装化を実現し、平和愛好国となり、さらに世界世論の保護に頼ることによって、自分自身の力で、安全を獲得することができる」〔W・J・シーボルト（野末賢三訳）『日本占領外交の回想』朝日新聞社、一九六六年〕。

MSA交渉に当たっても、確かに吉田は「非戦・非武装」の九条解釈を盾にしつつ、アメリカの対日「再軍備」要求に抵抗する姿勢を国民にみせます。吉田が政策的には九条から事実上離れていながらも、九条の「絶対平和主義」を対米政治戦略の重要な「用具」として利用しようとしたことは間違いありません。ただ重要なのは、吉田自身意図するとしないとにかかわらず、彼が九条を盾にしてアメリカの対日要求に抗えば抗うほど、結局はアメリカの戦力に依存していく、つまり日米非対称システムを強化していく、という構図になるのです。

ともあれ、日本「再軍備」を対ソ冷戦政策の不可欠の部分として積極的に、いやときには性急に要求するアメリカ側と、これをやむなく受け入れるのだとしてその消極的態度を国民に印象づける吉田政権の姿は、鮮やかなコントラストを描くものでした。

いずれにしても、このMSA援助によって日本が自衛力増強の物的・制度的基盤を獲得したことは確かです。事実米国とのMSA協定締結から数カ月後（一九五四年六月）、吉田政権はアメリカの要求に応じて防衛二法（自衛隊法・防衛庁設置法）を成立させ、いよいよ「戦力に至らざる軍隊」すなわち自衛隊創設の法的基盤を整えていくことになるのです。これは、とりもなおさず憲法九条が政治外交の「事情」によって翻弄されていくプロセスでもあるのです。

3 国際政治のなかの憲法九条——主観と客観

†日本政府——「国民主権」への抵抗

「戦争放棄」を謳った憲法九条のそもそもの出発点は、戦争終結の翌四六年一月(二四日)のマッカーサー・幣原(首相)会談にあるとされています。前出「松本案」(新憲法の日本政府案)が新聞でスクープされる八日前のことです。

マッカーサーと幣原のどちらが九条の「戦争放棄」を最初に提案したのかについては諸説あります。しかしこの問題よりもっと重要なのは、当然のことながら、GHQによる新憲法起草のための指針としてマッカーサーみずからが示した「マッカーサー・ノート」です。同「ノート」に記された「戦争放棄」の原則こそ、そこに至る経緯がどうであれ、あの九条の内容を決定づけているからです。

しかもこれと並んで重要なのは、日本側が、例えば前述の通り、「芦田修正」を申し出てみずからの政治的「自立性」を示したとはいえ、GHQ案については総じて従順にこれを受け入れたということです。この「芦田修正」は、九条を起草したケーディスからは、国家の当然の主張としてむしろ歓迎されたのですから、皮肉な話です。

ちなみに日本側指導層の追従性と、それに矛盾するかのような彼らの「抵抗」は、例えばＧＨＱ草案における「前文」への反応にもみられます。「（執筆者は）百パーセント、Ａ・ハッシーです」とケーディスが証言する「前文」は、最終的には四つの段落に分けられました。第一段落は主権が国民にあることを宣言し、第二段落は恒久平和の理想を語り、そして政治道徳の普遍性を主張する第三段落に続いて、結語の第四段落をもって終わります。

この「前文」は、ハッシー中佐の個性を十分に反映した、ある種文学的な名文です。これに対する日本側の反応は、第一段落と第二段落とではかなり違います。「天皇主権」を否定して「国民主権」を闡明《せんめい》する第一段落について、日本側は翻訳の過程でこの「国民主権」を巧妙に曖昧化する工夫をします。

ＧＨＱを相手に堂々と論争するというよりは、むしろ英文のＧＨＱ案を和訳する過程で「国民主権」を事実上否定しようとしたのです。「国民主権」を遠ざけて「天皇主権」にあくまで執着する日本側の「旧態」ぶりにＧＨＱが警告を発したのはいうまでもありません（高柳賢三他編著『日本国憲法制定の過程Ⅱ　解説』有斐閣、一九七二年）。かくて日本側は、「国民主権」を強調するＧＨＱ案のこの部分を変えることはできませんでした。

†「前文」の理想主義

このように第一段落の「国民主権」に小さな抵抗を試みた日本指導層も、「恒久平和」の理想を「深く自覚する」とする第二段落については抵抗らしい抵抗はみせていません。もちろん第二段落の中心は、「日本国民は（中略）平和を愛する諸国民の公正と信義に信頼して、われらの安全と生存を保持しようと決意した」という一文です。これは、他者（他国）の善意に無条件の信頼を置いてこれに自国の命運すべてを委ねるというものです。九条の精神に通底する理想主義の典型ともいうべきものが、ここにあります。彼らが「国民主権」の問題とは打って変わって、占領軍のこの理想主義的な「前文」草案、とりわけ九条に連らなる第二段落に対してほとんど異議を唱えなかった、という事実は大いに示唆的です。

いずれにしても、GHQ草案を翻訳しつつ若干の修正を施したうえで（一九四六年）三月二日に完成した日本側草案（「三月二日案」）には、GHQ案にあった「前文」は削除されていました。その理由は、この「三月二日案」の作成にかかわった佐藤達夫（法制局第一部長）によりますと、「前文」の内容が明治憲法第七三条の改正手続き（明治憲法改正には「勅命ヲ以テ議案ヲ帝国議会ノ議」に付し、さらに両議院それぞれの総員三分の二以上の出席と、出席議員三分の二以上の賛成を必要とする）と「どうもピッタリ合わないのじゃないか」ということだったようです（「憲法制定の経過に関する小委員会第二十五回議事録」昭和三四年七月二三日）。

しかし日本側の本音の「理由」は、あるいは「前文」のなかで「国民主権」が宣言されたことへの不満にあったのかもしれません。日本側指導層の「守旧性」からすれば、十分ありうることでしょう。結局はＧＨＱの意向で「前文」を復活させ、その内容についても、先の第一段落を含めて「マッカーサー草案通りのものにおさまった」というわけです（同議事録）。

ところでこの「前文」の第二段落に関連しますが、大戦終結から一年経つか経たない頃、日本国民の反戦・平和主義の高揚した気分は、今日の時点から振り返っても、それなりに納得のいくものです。つまり、世界の「公正・信義」に信頼して日本人みずからの「安全・生存」を保持しなければならないというわけです。他者の「善意」を一方的に信じ切るというこのナイーブな理想主義は、当時の時代気候からすれば、ある意味で自然であったといえます。しかも相当数の国民は、九条の内容が事実において以後変更されていること（実際は戦力が保持され増強されている）を追認しつつ、一方で「非戦・非武装」の九条に拘泥するという自己矛盾の構図のなかにあるのです。

†「九条的日本」と「安保条約的日本」との狭間で

それにしても、九条を取り巻く現実の国際政治は、およそ九条が生息できるいわば「九条的世界」とは縁遠いものだったし、いまも縁遠いといわざるをえません。

コーデル・ハル（米国務長官）やノエル－ベーカー（英国務相）が国連に期待した「権力政治の終焉」は、一夜の夢に終わりました。「権力闘争が時と場所を越えて普遍的であり、否定することのできない経験的事実である」〔H・J・モーゲンソー（原彬久監訳）『モーゲンソー　国際政治（上）』岩波文庫、二〇一三年〕、というモーゲンソーの言葉に反論の余地はありません。

世の中がどれほど変化しても、「有史以来諸国家が相互に力の抗争を行なってきたことは否定できない」（同前書）のです。もちろんこれは、国内政治においても同じです。民主主義国であろうと独裁国であろうと、形こそ違え、そこに権力闘争があることに変わりはありません。ただ民主主義は、権力闘争に国民の側から制約をかけてこれを非暴力化し、「法の支配」によってこの権力闘争をできる限り洗練されたものにする、というにすぎません。

「平和を愛する諸国民の公正と信義」に必ずしも「信頼を置くこと」のできない、この緊張した国際社会で、まれにも日本は戦後七五年、外国から武力攻撃を受けることなく平和を享受することができました。しかし客観的立場に立つとき、それが憲法九条のお陰であったと必ずしもいえないことは、これまでの叙述からも明らかです。重要なのは、九条が文字空間における理想のシンボルとしてよりも、むしろ一個の運動体として現実の国際社会にこれまでどれほどの働きかけをしてきたか、ということです。

マッカーサーがのべているように、確かに九条の「非戦・非武装」は、日本から発信された一個の「提案（プロポーザル）」でした。だからこそマッカーサーは、これを「世界諸国民すべての思慮深い検討に委ねる」と主張したのです（*op. cit., Verbatim Minutes of the First Meeting*）。

確かに九条は「非戦・非武装」の絶対平和イメージを世界にアピールしたという点では、大いなるメッセージ性をもっています。かつてあれほどアジアへの侵略を繰り返した日本が、戦後「非戦・非武装」の九条を掲げて「絶対平和主義」を打ち出した、あの一八〇度の変身ぶりは、間違いなくアジアのみならず世界に好印象を与えました。

しかし、この「非戦・非武装」の宣言をしたからといって、日本が世界から「安全」を保障された、というわけではありません。つまり九条は、世界が日本に一指も触れないという保障をこの日本に与えたわけではないのです。

現に吉田・ダレス間でつくられた旧安保条約は、憲法九条の思想的基盤ともいうべき「前文」の理想主義から大きく離れてしまいます。「平和を愛する諸国民の公正と信義に信頼して」という、九条に通底するあの憲法「前文」の理想主義は、わずか数年後すなわち一九五二年発効の旧安保条約（「前文」）では、「無責任な軍国主義がまだ世界から駆逐されていない」ので、「武装解除されている」日本には「危険がある」、となるのです。国際認識の全く異なる二つの「日本」、すなわち「九条的日本」と「安保条約的日本」との間にあって、ここでも私たちはいつの間にか自己矛盾の深みに陥っていたのです。

同じ国家にあってそして同じ時代にあって、憲法と安保条約という二つの「最高法規」が互いに全く異なる国際認識・安全保障観をもつこと自体、奇妙ではあります。「諸国民の公正と信義に信頼して」九条がつくられたにもかかわらず、皮肉にもこの九条ゆえに「武装解除されている」（旧安保条約「前文」）日本は、「無責任な軍国主義がまだ世界から駆逐されていない」（同上）がために、結局のところアメリカに依存・従属していくのです。

†「九条的世界」を創出できなかった「九条的日本」

マッカーサーが前出の通り、「戦争放棄」・「戦力不保持」は「同時・普遍的でなければならない」とのべたのは、「非戦・非武装」と解釈される九条に全世界が足並みを揃えていけば、その先にはいわば「九条的世界」が広がっていくだろう、ということを意味しています。つまり世界中に「非戦・非武装」が実現してはじめて、九条は一個の客観的運動体として生きていくことができるのです。しかし、世界の諸国民が「非戦・非武装」の「提案」を受け入れてこれをみずからの憲法に刻み込む地点にいまだかつて立ったことはありません。

マッカーサーにいわせれば、「非戦・非武装」の九条を採用する国の数は中途半端であってはいけないのです。「すべてか無か」です。マッカーサーはこういいます。「文明が進歩し生き残るかどうかは、(中略)結局のところ、地球上の諸国民すべてが従うべきより高次元の法律に、(九条をもつ)日本のような国がその安全を安心して委ねることができる、そんな世界秩序をつくりうるかどうかにかかっている」(*ibid.*, 括弧は原)。

モーゲンソーは、権力政治に「無欲」とみられる「九条」を意識していたかどうかはともかく、こうのべています。「地球上の一、二の国民を力への欲求から解放しても、他の国民のそれ(力への欲求)がそのままならば、それは無益かつ自己破壊的でさえある。力への欲求が世界中のいたるところで捨て去られないならば、力への欲求から逃れた人は他人の力の犠牲になるだけである」(モーゲンソー、前掲書、括弧は原)。

日本が九条に責任をもち、九条を掲げて生き残ろうとするのなら(もちろん日本は九条の

「解釈変更」によって、そして日米非対称システムにおける「対米依存」によって事実上戦力を保持しているのだが）、憲法制定から七〇余年このかた、日本は官民を問わずすでに「九条的世界」実現のために力を尽くして、しかも確たる成果を得ていなければなりません。九条をもって日本が生きていくなら、九条が生きていくことのできる国際環境を日本主導の外交力でつくっていかなければならなかったはずです。

いくら日本人が九条の文言を支持しそれに敬意を払っても、もしその九条がひとり日本国民の「祈り」にとどまるとするなら、それは主観の九条であり、自己満足の九条にすぎないということになるでしょう。

九条が日本国民のある種信仰箇条になっている分だけ、その九条は国民の心中へと内向し沈潜するだけであって、「九条的世界」実現の原動力になっているとは決していえません。九条は、それが国際政治のダイナミズムのなかである一定の国民的機動力と外交的戦略性をもってこそ、「九条的世界」実現への展望を拓くことができるのです。九条は文字空間としての九条ではありません。九条はすぐれて国際政治における客観的運動体としての九条でなければならないのです。

ただ一方で、九条にはそもそもの初めから宿命的な困難がつきまとっていたことは事実です。被占領期はもちろんのこと、主権回復後も、日本が仮に「九条的世界」に向けて前進したとしても、アメリカ優位のあの日米非対称システムが、世界に対する九条の働きかけにとって大なり小なり妨げになっていたであろうことは、容易に想像がつきます。

九条が米ソ冷戦下（そしてそれ以後も）、「九条的世界」どころか「アメリカ的世界」のなかで、やがてそれ自体アメリカに疎んじられるようになっていくのは、これまでのべてきた通りです。それにしても、「九条的日本」が「九条的世界」の創出を主導しえなかったとなれば、戦後日本が九条のお陰で平和であったという日本人の「確信」を客観的に実証することは難しいでしょう。

第三章

日米非対称システムの内実

1951年9月8日、サンフランシスコの米第6軍司令部で日米安全保障条約に調印した吉田茂首相。後列右はアチソン国務長官、後列中はダレス全権(共同)

1 「不平等」の構図

†講和・安保両条約の一体化

日米非対称システムを構成する三つの基層、すなわち戦勝国アメリカが主導した「天皇制」温存、「新憲法」制定、「安保条約」締結のうち、時系列からいえば、最後につくられた安保条約は、この日米非対称システムを最も直接的かつ具体的に支える役割を担っていた、といってよいでしょう。

重要なことは、この安保条約が日本の「独立回復」の〝証文〟、すなわち講和条約の作成と不可分の関係をもって構想された、ということです。つまり、アメリカが日本をどういう形で独立回復させるかというういわゆる講和問題は、「駐軍協定」としての旧安保条約についてアメリカの国益追求を日本がいかに従順に受け入れるか、にかかっていたのです。

アメリカ側からすれば、アメリカ優位の安保条約は、同国が日本を占領から解放して再び日本に「独立」という名の恩恵を与えるその対価でもあったといえます。言葉を換えていえば、米ソ冷戦のなかアメリカが、「在日基地自由使用」という占領既得権はもちろんのこと、これを含めて旧安保条約から最大限の利得を引き出すことと、他方でアメリカが敗戦国日本を相手に懲罰ならぬ融和の意思をさえ込めて講和を結んだこととは、実は不可分の一体であったのです。

この安保条約に刻まれた優劣・上下の米日関係を日米非対称システムのなかに新しく組み込むことによって、日本の「独立」は依然として未完の内実を残し、ひいてはそのことが日米非対称システムをより一層強化したことは、否定すべくもありません。

しかしよくあることですが、組織ないしシステムなるものは、一見その強さが頂点に達したようにみえても、実はそれと表裏して弱体化の危機もまた芽生えていくものです。日米非対称システムは、それが不平等著しい旧安保条約をみずから抱え込むことによって一層安定し強固になる一方で、それとは反対方向に働く皮肉なダイナミズム、すなわち安保条約に対する日本側の「不満」とそこからくる「反米」という名のシステム弱化要因もまた育っていくのです。

†「要請がなくても日本を守る」

旧安保条約に関連して日本側の「不満」・「反米」には、もちろん多くの理由がありました。そのなかでも根源的な理由をいくつか挙げてみましょう。

その第一は、アメリカが「日本防衛義務」の条文化を拒否したからです。いい換えればアメリカは、互いに助け合うという意味の「相互防衛条約」を受け入れなかったのです。日本がアメリカ領土の一部でも守る意思と能力をもつなら、アメリカは日本を、日本はアメリカを守るための「相互防衛条約」をアメリカ自身支持したでしょう。

このことについてはすでにのべてきましたが、いずれにしても、アメリカの「日本防衛義務」が旧安保条約に明記されなかったことは、これを同条約締結の最大目標にしていた日本側の期待を完全に裏切るものでした。

しかしだからといって、あの米ソ冷戦のなか仮にソ連から日本に武力攻撃があった場合でも、アメリカは日本を守らないのかといえば、それは違います。実際問題として、アメリカが日本を守ったであろうことはまず間違いないでしょう。

なぜならアメリカにとっては、敵の攻撃からアメリカ自体を守る「防壁」としての日本は、たとえそこが戦場になって破壊されても、死守する価値があったからです。「防壁」日本がソ連の武力侵攻によって重大なダメージを被っても、日本がソ連の対米攻撃を食い止める「砦」となるなら、アメリカはみずからの「安全」のためにあらゆる犠牲を払っても、日本を敵に渡さないための努力をしたでしょう。「日本」の喪失は直ちにアメリカの致命傷を意味するからです。

一九六〇年アメリカ上院が、安保改定によってつくられた新安保条約を審議した際、J・スパークマン議員は次のようにのべています。「もちろんわれわれは、日本を防衛の鎖といわれているものの一部とみなしています。日本は自由主義世界の防衛の鎖の一部なのです。私の意見ですが、たとえわれわれが日本と条約を結んでいないとしても、恐らくわれわれは日本の防衛に行くべきだと考えるでしょう」[Congressional Record (Bound Edition), Vol. 106, Part 10 (June 14, 1960 to June 22, 1960), p. 13550]。

「たとえわれわれが日本と条約を結んでいないとしても」、つまり日米が「無条約」の状態にあっても、いやそれどころか、武力侵略されている日本からたとえ支援の要請がなくても、「日本を放棄することがいかに危険か」(J・W・フルブライト上院議員)を知っているアメリカは、何が何でも日本を守ったに違いありません。

†アメリカのフリーハンド

これは、少なくとも冷戦時代にあっては、アメリカの偽らざる本音でした。アメリカ対日外交のすべてはここから始まります。安全保障をめぐるアメリカ対日政策の本音が、「危機は日米不可分」への確信にあったのは事実です。

一方で国連憲章は、個別的・集団的自衛の権利をすべての国に認めています(第五一条)。

そして対日平和条約は、この国連憲章に基づいて日本に「集団的安全保障取極」の権利を与えています（第五条）。

しかしアメリカ側からすれば、前記の通り、日本は「自助・相互援助」の力をもたないがためにこれらの権利を行使できないのであり、だからこそアメリカが、日本の「希望」を入れて軍隊を駐留させるのだ（旧安保条約「前文」）、というわけです。かくして米国においては、日本の安全のためにこそ在日基地を使うのだというこの表向きの「大義名分」と、たとえ「日本の要請」がなくてもみずからの「安全」のために日本を死守するのだという「本音」とは、見事に使い分けられていったのです。

いずれにしても、戦勝国アメリカは条約上「日本防衛義務」を負わず、しかし実際にはみずからの安全のためと判断すれば「日本を守る」、つまり敗戦国日本に対しては、その「独立」後も、安全保障に関する限り完全にフリーハンドをもつことになるのです。日米非対称システムがその裏に弱体化の要素をはらみながらも、強靭化していくのは当然です。

もちろんこのアメリカのフリーハンドが、一方の「独立国」日本からすれば、安保条約のもつ根源的な「欠陥」を意味していることは、いうまでもありません。自国領土内の土地をアメリカの「基地」として自由に使用させても、いざ日本が存亡の危機に出くわしたとき、アメリカは確実に日本を守るのか、これについては、アメリカ側の本音はともかく、条約上の約束がないのですから、日本側の不満と不安は明らかです。

†在日基地自由使用と極東条項

旧安保条約に関連して日本側が抱く「不満」・「反米」の根源的な第二の理由は、もちろん米軍の「在日基地自由使用」にかかわるものです。既述のごとく、アメリカは在日基地を日本側の事前同意がなくても自在に使用するという占領既得権を、日本独立後も安保条約によって引き続き確保します。アメリカのフリーハンドは、だから完璧なのです。

例えば日本への米軍配置の変更や、米軍装備の移動とりわけ「核持ち込み」などの重大変更を、米軍が日本政府の事前許可を得ることなく行なうことができるとなれば、そのことが日本の主権を侵害するのは自明です。同時に、在日米軍が「日本防衛」の目的以外で、例えば極東条項によって基地から域外戦闘行動に打って出るにしても、日本側の事前同意は必要ないのです。

このようにアメリカは主権国家日本に軍隊・装備を維持してこれを無制約に使用できるにもかかわらず、一方では旧安保条約第二条のゆえに、日本が米国以外の第三国に基地使用の権利を与えるには、アメリカの事前同意が必要なのです。これ以上の主権侵害はないでしょう。

旧安保条約の本質的「欠陥」として、同条約に米国の「日本防衛義務」が明記されていないことをいま挙げたばかりですが、しかし以上のようにアメリカが日本の事前同意なくして在日基地を自在に使うという問題のほうが、日本にとってはある意味でより一層深刻な「欠陥」でした。それだけに日本国民がもつ「不満」・「反米」の根源的な理由にもなったのです。

日本側の「不満」・「反米」の根源的な理由の第三は、いわゆる極東条項です。同条項については第一章で触れましたが、そもそも極東条項は、講和・安保両条約にかかわる日米交渉の最終段階で、アメリカ側から突然もち出されたものです。講和会議開催（一九五一年九月）を四〇日後に控えた七月末、GHQ政治顧問のシーボルトが「駐留軍の使用目的」として極東条項の追加を申し出たのです。これは、安保条約の性格を変える大きな出来事でした。

つまり日本領域以外の地域で、例えば現に起こっている朝鮮戦争のような有事が他地域にも起こった場合、これまた日本側の事前同意を得ることなく自由に在日基地を使用したいというのが、アメリカ側の要求だったのです。

日本の「安全」にかかわる安保条約が、実は日本領域以外の「極東」における平和・安全のためにもつくられたわけですから、これは世界でも珍しいものでした。しかも忘れてならないのは、「極東の平和・安全」の「ため」という目的が、いったんアメリカによって正当化されれば、この「目的」を果たすために在日米軍は、実は「極東」地域以外にも展開できるということです。

このことは、「専守防衛」の「九条国日本」が、極東条項によって在日基地から出動する米軍の戦闘計画を知らされずに、いつの間にかアメリカの戦争に巻き込まれる可能性のあることを示しています。

†日米行政協定とジラード事件

最後に、旧安保条約をめぐる日本側の「不満」・「反米」の根源的な第四の理由は、日米行政協定にかかわるものです。行政協定を改めて読んでみますと、アメリカが日米安保条約を結んだ真の目的が行政協定締結（一九五二年二月）にあった、ということがよく分かります。なぜかといいますと、行政協定こそ、アメリカが対日戦勝後一貫して保持してきた「在日基地自由使用」の内実を、体系的・具体的に確保するための最も重要な取り決めだったからです。

事実行政協定は、日米非対称システムに構造化されている、米日間の包括的な支配・従属の権力関係を冷徹かつ具体的に表現したものです。安保条約が日本への米軍駐留の目的・理由を規定しているだけなのに対し、行政協定はこの米軍駐留などを具体的に運用するその細目から成っており、それだけに日本の領土および国民生活に直接的・日常的にかかわるものなのです。

したがって、基地に絡んで日米間に何らかの事件・事故が起きますと、それらは直ちにそしてほとんど例外なく、行政協定にかかわるいわゆる「基地問題」として日米関係を揺るがすことになります。

例えば「基地問題」として日本国民を憤激させ、時に「反米」感情を掻き立てる典型的な事例の一つが、駐留米兵による犯罪です。

数多《あまた》ある米兵犯罪のなかでも、真っ先に思い出されるのは、いわゆる「ジラード事件」(「相馬ヶ原事件」)です。そもそも「ジラード事件」とは、一九五七年一月(三〇日)、すなわち岸内閣誕生の一カ月前、群馬県相馬ヶ原演習場で起こった殺人事件です。米兵W・ジラード三等特技兵が、同演習場内で空薬莢《からやっきょう》を拾っていた無抵抗の主婦を至近距離におびき寄せ、ふざけ半分で射殺したものです。

この事件に国民が憤りを覚えたのは、事件そのものの残酷さだけでなく、事件の司法処分をめぐるアメリカの対日差別でした。

行政協定に基づく日米合同委員会でアメリカ側は、ジラードの犯罪行為が行政協定の定める「公務遂行中」のものだとして、第一次裁判権は自国にあると主張します。一方日本側は、ジラードの行為を「公務遂行中」とは認めず、日本側の第一次裁判権を主張してアメリカ側と対立します。

事件から半年後の同年七月、米国連邦最高裁が事件の裁判権を日本側に譲る決定をして、翌八月本件の裁判は、事件の起きた群馬県の前橋地裁で始まります。かくして十一月、同地裁はジラードに対して「傷害致死罪で懲役三年、執行猶予四年」という、この種の犯罪としては異例の軽微な判決を下しました。

問題は、前橋地裁のこの判決が、実は日米合同委員会の秘密合意を全面的に反映するものだった、ということです。その秘密合意とは、要するに「殺人罪を回避してジラードを傷害致死罪で起訴する」という内容です。このことは、独立・公正であるべき日本の司法が行政協定によって、いや日米合同委員会でのアメリカの圧倒的な力によって歪曲されたことを示すものでした。

✝米軍の「基地自由設定権」

日米合同委員会は、行政協定（後に地位協定）によって設置された協議機関です。双方から代表者一人ずつが派遣され、その下に各種分科委員会、事務局等があります。この機関は基地の提供、運用、そして必要な物資・役務の調達など行政協定（後に地位協定）を実施するための諸問題を決定・執行します。もちろん、高度に政治的な問題に関する最終判断は日米上部機関（日米閣僚レベル）でなされます。形式的には「日米対等」ですが、実態は米側が優位にあることはいうまでもありません。

いずれにせよ、米兵犯罪とその司法判断をはじめとする数多くのいわゆる基地問題は、秘密裏に同委員会で協議されるのです。ジラード事件は、アメリカ主導の日米合同委員会が日本の司法判断に介入した事例の一つにすぎません。

このジラード事件も衝撃的でしたが、行政協定における日米不平等をさらに根源的な地点から問いかける問題があります。例えば、行政協定第二条一項にかかわるものです。「日本国は、合衆国に対し、安全保障条約第一条に掲げる目的の遂行に必要な施設及び区域の使用を許すことに同意する」というのが、第二条一項です。

ここでいう旧安保条約第一条の「目的の遂行」とは、日本と極東の平和・安全に寄与することです。つまり日本と極東の平和・安全に寄与するという「目的」のために何が「必要」かを判断するのは、もちろんアメリカです。日本は少なくとも理論的には基地をアメリカの「必要」に従って提供しなければなりません。

明田川融・矢部宏治はこれについて次のように説明しています。「他の安全保障条約のように、どこどこの場所をどれだけの期間、米軍基地として使うというとり決めではなく、『米軍』が『目的を達成するため必要』とする基地の使用を、日本政府は許可するということです。ですから『必要だ』といわれたら、基本的に断ることができないのです」（前泊博盛編著『本当は憲法より大切な「日米地位協定入門」』創元社、二〇一三年）。

つまり、米軍の「基地自由設定権」とでもいってよいでしょう。いままで何度も言及してきた米軍の「在日基地自由使用権」、すなわち日本の事前同意がなくても基地を自在に使用する権限に加えて、米軍がこの「基地自由設定権」（もちろん日本側との交渉はあるのだが）をもつとなれば、他の主権国家内にあってこれほどまで自由に振る舞える軍隊は、世界でもあまり例がないでしょう。

†ドイツ、イタリアと比べて

日本がアメリカからいかに従属的な扱いを受けているか、例えば日本と同じ敗戦国のドイツやイタリアと比較しても、このことがよく分かります。ドイツはアメリカとの間で締結した「ボン補足協定」といわれる地位協定（一九五九年調印）の改定（一九九三年）によって、かなりの程度主権を回復しました。例えば日本側が米軍基地に立ち入る場合、米軍の事前同意が必要ですが、ドイツでは緊急時の米軍基地立ち入りについては、米軍の事前同意を必要としません。

また、ドイツ国内法である航空法は、基地周辺を飛行する米軍機にも適用されます。ドイツ領空を飛ぶあらゆる飛行機と同じ条件で米軍機は飛行しなければなりません。航空法を逸脱して米軍機だけに特別の権利を与えるということはないのです。

ところが日本では、低空飛行禁止や飛行禁止区域を定めている国内法すなわち航空法の一部が米軍機には適用されない法的仕組みになっています。つまり日本領空を飛ぶ米軍機に特権を与えるために、航空法の相当部分が米軍機には「適用除外」となっているのです。

前田哲男はこういいます。「低空飛行訓練は、『航空法米軍特例法』で米軍機のみにみとめられた自由奔放な飛び方をする。（中略）航空法による最低安全高度制限（離着陸時を除き一五〇メートル以上、人口密集地では三〇〇メートル以上）の規制にはしばられない。航空法の規制を受ける自衛隊機（中略）にはありえない横紙破りの航法だ」（前田哲男『在日米軍基地の収支決算』ちくま新書、二〇〇〇年）。

日本と同じ敗戦国であるイタリアもまた、アメリカに対して、ドイツと同様主権国家としてある一定の自立性をみせています。イタリア軍司令官はその権限下に米軍基地を置き、無条件に立ち入りができます。同国では米軍が飛行計画を事前開示し、地元自治体の承認を必要とし、低空飛行については「事実上の禁止措置」がとられています（同前書）。

日本がアメリカからいかに不平等に扱われているか、それを挙げれば切りがありませんが、こうしてほんの少しの事例を挙げるだけでも十分理解できるところです。

2 アメリカの危機感――「日本のアメリカ離れ」を恐れる

✝岸を安保改定へと動かしたダレスの言葉

一九五五年八月、つまり旧安保条約発効から三年後のことですが、鳩山（一郎）内閣の外相重光葵《まもる》はワシントンで国務長官ダレスと会談します。その目的の一つは、国民が反発する安保条約を全面改定することによって、真の意味の「日米対等」を実現するようダレスに迫るためでした。

しかしダレスの反応は、一言でいえば「門前払い」でした。ダレスは、重光の「安保改定」提案を厳しく斥けます。同席していた安川壮（外務省欧米局第二課長）によりますと、その理由の一つは、日本の防衛努力がいかにも不足していること、いま一つは憲法が海外派兵（集団的自衛権行使）を許さず、日米対等の「相互防衛条約」を排除しているということでした。ダレスは重光をこう皮肉っています。「もし仮にグアムに何か起こった場合、日本はアメリカの防衛にかけつけてくれるだろうか」（筆者による安川壮インタビュー、一九八一年二月）。

ただここで重要なのは、ダレスが重光の「安保改定」提起を拒んだことは事実としても、逆にいえば、日本が今後「防衛力増強」と海外派兵を可能にする「改憲」へと向かうなら、「安保改定」に応じてもよいというサインを出していたことです。

この重光・ダレス会談に陪席して両者のやりとりを目の当たりにしていたのが、当時政権与党であった日本民主党の幹事長岸信介です。岸はこの会談について筆者にこう証言しています。

「ダレスのいうことももっともだと思いました。日本はやはりみずからが自分の国を防衛する建前をもって自立していかなければならないし、防衛力自体を強化していかなければならないと感じました。（中略）日米安保条約を対等のものにすべきだ、という感じをそのとき私は持ちました」（原彬久編『岸信介証言録』中公文庫、二〇一四年）。岸が「安保改定」のきっかけを、この重光・ダレス会談のなかに掴んでいたことは間違いありません。

事実、それから一年半後に（一九五七年二月）政権を獲った岸が政策課題として真っ先に取り組んだのは、もちろんこの「安保改定」でした。

岸が「安保改定」実現へと進んでいくその道程には、いくつかの画期があります。その一つは、首相就任四カ月後（一九五七年六月）のワシントンにおける日米首脳会談（岸・アイゼンハワー会談および岸・ダレス会談）です。なぜなら、わずか一年半前のあの重光・ダレス会談でダレスが重光提案の「安保改定」をにべもなく断ったにもかかわらず、今度は同じダレス国務長官や、さらにはD・アイゼンハワー大統領もまた、安保条約の「再検討」に「異論はない」と応じたからです。いずれ安保条約の変更には応じてもよいが、そのための「交渉開始」については、いま同意することはできない、というのがアメリカ側の基本的なスタンスでした（原、前掲『戦後日本と国際政治』）。

†マッカーサー大使を動かした岸の直言

実際に安保改定を目指して日米交渉が東京で始まったのは、この岸訪米から一六カ月後の翌一九五八年一〇月でした。それにしても、一九五七年六月のこの日米首脳会談で安保条約「再検討」の少なくとも「原則的合意」が成立したことは、確かに一つのエポックではありました。しかも岸がものにしたこの成果が偶発的に得られたものではなく、彼の周到な準備のなせる業《わざ》であったことは間違いありません。

岸による各種準備工作のなかで際立って重要なのは、いわゆる岸・マッカーサー（駐日米大使）予備会談です。アメリカがそれまでの態度を変えて、あの日米首脳会談で「安保改定」にわずかながらも肯定的な姿勢を示したその背景には、同予備会談の結果をふまえて、ダレスに日本への「対応策」を勧告・説得し続けたD・マッカーサーⅡ大使（マッカーサー元帥の甥）の強固な政治的意思があったからです。

この予備会談は、公式会談としては少なくとも七回、秘密の非公式会談を含めて計九回になります。このなかで最も印象的なのは、（一九五七年）四月一〇日に開かれた最初の（非公式）会談です。ここでの岸の発言が率直でしかも核心を衝いていたことは、マッカーサー大使からの同日付ダレス宛文書（Tokyo to Secretary of State, April 10, 1957, No. 2255, Department of State, 611. 94/4-1057.）からも明らかです。

同文書によると、岸は「一時間一五分」にわたって、「日米関係の障害になっている要因についての分析を行なって」います。岸によれば、「日米関係の障害要因」とは、日本国民の「反米」感情を指すのであり、例えば安保条約における「日本の従属的地位」に対して、あるいは領土問題すなわち沖縄・小笠原への米軍支配に対して日本国民が示す失望と憤懣を意味します。

つまり多くの日本人は、アメリカの政策が結局のところ「戦争政策」であり、このままでは日本がアメリカの従属国となって戦争に巻き込まれるのではないかと懸念していることを、岸はマッカーサー大使に直言しているのです。

岸が三日後（四月一三日）の公式予備会談で、マッカーサーに二つの具体的な要求をしたことは、以上の文脈からいえば、当然の流れであったといえます。一つは「安保条約の大幅改定」です。これに関連して岸は、「防衛力増強」をアメリカに約束するとともに、そのアメリカに「可能な限りの米軍撤退」や「部分的な米軍基地返還」などを要求しています。いま一つは領土問題の解決、すなわち一〇年後には沖縄・小笠原を日本に返還すべきだというものです。

これに対する大使の反応が、これまた極めて重要です。岸首相との予備会談を終えたマッカーサー大使が国務長官ダレスに訴えた「対応策」は、第一に両国の利益のために、部分改定ないし全面改定を含めて現行安保条約を何らかの形で変更すること、第二に米陸上部隊を最大限撤退させること、第三に沖縄・小笠原を一〇年後には（場合によっては一〇年以内に）日本に還すことなど、岸の主張におおむね沿うものでした（Tokyo to Secretary of State, April 13, 1957, No. 2304, 2305, 2306, Department of State, 611. 94/4-1357）。

†安保改定後「五年」で安保「再」改定を

もちろんこのマッカーサーの妥協的姿勢が、日本への友情や慈善からくるものでないことは明らかです。一言でいえば、大使の岸に対するこの融和的態度の裏には、「日本のアメリカ離れ」を恐れる同大使の危機感が蟠踞《ばんきょ》していたといってよいでしょう。

四月一七日付ダレス宛書簡（The Embassy in Japan to the Department of State, April 17, 1957, No. 2336, Department of State, 611. 94/4-1757）でマッカーサー大使は、アメリカがこのまま日米関係の「再調整」をしないなら、「日本では次第に、アメリカの利益に反して、取り返しのつかない決定がなされるだろう」と警告しているのです。マッカーサーがこの岸との予備会談から感得したものはただ一つ、「日本中立化」ないし「日本共産化」への警戒心でした。

「日米関係」に関する岸の問題提起が、米国側にそれ相当のインパクトを与えたことは、以上の叙述からも明らかでしょう。加えて翌月（一九五七年五月）にまとめた岸の対米アピールのための極秘文書などは、憲法改正と安保改定を明確に結びつけている点で極めて示唆に富むものです。最近（二〇一八年一二月）日本側から公開された外交文書の一つ、すなわち「日米協力に対する日本政府の決意」（一九五七・五・一〇。以下「日本政府の決意」ともいう）と「日米問想定問答」（一九五七年五月六日）ともいうべきものが、それです。

これらの文書によると、少なくとも岸の希望（あるいは本音）としては、新条約の期限を「五年」にすること、そしてその理由は、安保改定の実現と「南方諸島の問題」を解決した後、直近の衆参両院選挙で、それぞれ改憲発議に必要な総議席数の三分の二を獲得するのに三年から五年はかかるからだというのです。

そのうえ、安保改定後「五年」間で改憲を実現することによって集団的自衛権の行使が可能になり、「本格的な相互防衛条約に切りかえるための体制を整える」というわけです。これらの文書をみますと、岸にとって「安保改定」が彼の最終目的ではなく、改憲によって集団的自衛権行使を可能にした後に米国と新たに安保「再」改定（第三次安保）に向かうこと、すなわち日米対等の「相互防衛条約」締結を想定していたことが分かります。

†米軍部の深刻な危機感

それにつけて注目すべきは、日米関係に米国側が危機感をもったのは、マッカーサー大使が初めてではないということです。このことは、マッカーサーの前任者であるJ・アリソン大使が前年（一九五六年）すでに国務省に送ったいわゆる「アリソン・レポート」からも明らかです。

アリソンが国務長官に送ったこの「アリソン・レポート」は、日本が「アメリカから無視されていると感じている」ことを指摘すると同時に、日本がアメリカから離反して「分離主義的方向」ないしは「中立主義的方向」へと向かう危険性を示唆しています。そしてアメリカが在日基地を永続的に確保するためには、現行安保条約に代わる日米対等の「相互防衛関係の条約」をつくることが必要だ、というのです（FROM American Embassy, Tokyo TO The Department of State, Washington. September 21, 1956）。

アリソンの見解に通じる上記マッカーサー大使の「危機感」こそ、もともと「安保改定」に消極的なダレスをはじめワシントンの政策決定者たちにやがて共有されていくのです。例えば、「在日基地自由使用」の既得権を最大限享受している米軍部が、その本音において現行条約の変更を嫌っていたことは事実です。しかし岸訪米時にはその軍部でさえ、安保条約・行政協定を改定するための日米交渉は「後日必定であろう」、とまでいい切っています（CINCFE TOKYO JAPAN to DEPTER WASH DC, JUNE 16, 1957, NR: FE805390 151805Z. JUN57）。

米軍部にとっては、安保改定は必ずや行政協定改定への道を用意するだろうから、安保条約変更をアメリカのほうから進めていくことがあってはならない、という立場でした。しかし同軍部がこの時点で敢えて安保改定を「必定」としたその理由は、もちろん「日本中立化」（あるいは「日本共産化」）を防ぐことにありました。すなわち、「条約・協定の改定という文脈以外では、長期的な在日基地権を日本から獲得できないこと」への、これまた深刻な危機感が米軍部にあったということです（*ibid.*）。

3　安保改定とその限界

†安保「改訂案」の特徴

　ところで、一九五七年六月の岸訪米・日米首脳会談で岸首相（兼外相）は、前述の通り、いずれ「安保改定」をすることについてアメリカ側から「原則的合意」を取りつけましたが、しかし意外にも岸政権がその発足直後（一九五七年三月）早くも新条約構想をまとめていたことが明らかになっています。同「構想」は、前出「日本政府の決意」文書などの作成二カ月前に外務省がつくった、「日米協力関係を強化発展せしめるためにとるべき政策」（一九五七年三月）というものです。そのなかに収められている「日米安全保障条約改訂案」（以下「改訂案」ともいう）なる新条約草案と、それを解説する「日米安全保障条約の改訂案の説明」（以下「改訂案の説明」ともいう）がそれです。

　これらをみると、岸がそもそも「安保改定」の内容をどう構想していたかが分かります。安保改定へと向かう日本側の原点ともいうべきこの「改訂案」は、それが実際に日米交渉の場にこそ出されなかったとはいえ、日米交渉の条約最終案文や付属文書に相当程度反映されていることを示しています。

前文と七カ条から成るこの「改訂案」について、いくつかの特徴を挙げてみましょう。第一に「アメリカの日本防衛義務」を明記したこと、第二に（日本への直接攻撃の場合は別として）米軍の在日基地使用については日本側の「事前同意」を必要とすること、そして第三に安保条約と国連の関係（国連憲章の優位性）を明らかにしたことです。

さらにこの「改訂案」は、第四に極東条項の削除、第五に内乱条項（日本に内乱・騒擾が起こった場合、日本の要請で米軍が鎮圧）の廃止、第六に「米国の同意なき第三国駐兵の禁止」の除去をそれぞれ提示しています。

そして第七に、事実上アメリカが握っていた条約期限の決定権を排して、新条約の効力を「無期限」にはするが、相手国に予告後一年で条約を終了させることができるというものです（前出の通り「日本政府の決意」と「日米間想定問答」ともいうべき文書では、新条約の期限を「五年」としているのだが）。この「改訂案」の最後（第八）の特徴として挙げるべきは、岸政権が敢えて手をつけなかった問題があったということです。国民の間でとくに不満の強かった行政協定、その行政協定の「改定」に政権側が積極的ではなかった、ということです。

†日本と在日米軍との「相互防衛」

この行政協定に対する不作為を除けば、他の七点は、どれも日本の主権回復を何らかの形で助ける重要な意味をもっています。事実、第一の「アメリカの日本防衛義務」、第三の安保条約と国連の関係、第五の内乱条項の廃止、第六の「米国の同意なき第三国駐兵の禁止」の除去、第七の条約期限の有期化等々は、新条約で実現されました。これらが安保改定の成果であることは間違いありません。

ただ第四の極東条項の削除という岸の要求は、アメリカ側に拒否されました。また第二の「事前同意制」に関する交渉の過程とその結果については後述しますが、いずれにせよ「改訂案」における上記八点のうち、とりわけ重要な意味をもつものが四点あります。それらが日米交渉でどのような経緯を経て最終結論（新条約）に至ったか、これを改めて確認しておくことは今日の日米非対称システムを理解するうえで不可欠の作業といってよいでしょう。

この「改訂案」における第一の重要点は、「アメリカの日本防衛義務」を新条約案に明記するということです。つまり、特徴的なのは、この「改訂案」が日米対等の条件で互いに助け合ういわゆる「相互防衛条約」（同盟条約）を捨てて、日本領域についてだけ「日米共同防衛方式」をとるとしたことです。

そもそも「安保改定」を望む日本側の心底には、少なくとも新条約の名称を「相互防衛条約」にしたいという思惑があったことは、間違いありません。しかし一年半前ダレスが重光の「相互防衛条約」構想を拒否したその理由が、集団的自衛権行使を不可とする憲法九条にあったこと、しかもこれを日本側が一つのトラウマとして引きずっていたという事実は、前出「改訂案の説明」からもうかがえます。

ですから、日米間に相互防衛関係があるとすれば、それは「日本と在日米軍との間に成立する」というのが日本側の主張でした。アメリカは自軍兵士が命を賭けて日本全土を守り、一方日本は米国領土ではなく日本領土内の米軍基地のみを守るという最終確定案、すなわち新安保条約の核心ともいうべき第五条のトリッキーな構図が、岸政権発足直後早くもこの日本側「改訂案」に示されていたということです。

†「人」と「物」とは交換できない

以上、岸政権発足早々につくられたこの「日米安全保障条約改訂案」および「改訂案の説明」と、アメリカが第一回安保改定日米交渉（一九五八年一〇月四日）のテーブルに出した「新条約草案」（以下「一〇・四草案」ともいう）を読んでみて、さらにこれらを日米交渉の最終案（新条約）に照らしてみるとき、そこに何が浮かびあがってくるのか。つまり、日米それぞれが「安保改定」に求めたそもそもの構想を相手側にどう説得し互いにどう妥協したのか、その交渉過程もまたそこからみえてくるというものです。

例えば、いまのべたばかりの「改訂案」の第一の特徴すなわち「アメリカの日本防衛義務」については、日米交渉の諸案件のなかでは早い段階で両国の合意が成立しました。日本の悲願がようやくここに達成されたわけです。

またアメリカ側の「一〇・四草案」は、日本と共同で防衛する条約区域を「西太平洋地域」、いやもっと広域の「太平洋地域」としていました。しかし、これは明らかに交渉技術上のブラッフでした。海外派兵禁止の憲法九条がこの米国案を許さないことは、もちろん米国自身最初から分かっていたことです。米側は早々にこれを取り下げます。同国は、日本領土のみを日米両国で守るという、いわば日本流の「共同防衛方式」なる「改訂案」の構想を結局のところ受け入れることになるのです。

かくて以上の趣旨は新条約第五条に盛り込まれます。この五条のみをみれば、前述の通り日本がアメリカ領土を一切守らなくても、アメリカは日本全土を守る法的義務をもつ、つまり条約の片務性は歴然としています。

しかし、国際政治は冷徹です。日本に対するアメリカの貸し(第五条)が条約のどこかで〝返済〟されるはずです。極東条項の継続がそうですし、何よりも(行政協定を改めた)日米地位協定から受けるアメリカ側の圧倒的な利得がそうです。日本の「第五条の借り」

がいかに大きなものであるかは、その過剰ともいえる〝返済〟の質と量が雄弁に物語っています。

ただそれにもかかわらず、新条約の呼称を「相互防衛条約」にすることをアメリカ側が拒んだ理由は、もちろんこの第五条それ自体における同国の「一方的対日負担」、逆にいえば日本の「一方的対米依存」にあったからです。一言でいえば、「物（基地）と人（米軍）との協力」に「相互性」があるとする日本側の主張をアメリカは一切認めなかった、ということです。敢えて単純化していえば、アメリカの本音は、米軍兵士の命と在日基地を等価交換することはできない、ということです。

つまりアメリカからすれば、日本を相手に安保条約を結ぶ最大の目的が、たとえ「在日基地自由使用権」の確保にあったとしても、自国兵士の命すなわち「人」の血をもって「基地使用権」すなわち「物」を手に入れるというのは、そもそも理不尽な話だというわけです。人命は何物にも代え難い至高の価値です。「人」と「物」とは交換できるという日本側の「思い込み」にアメリカ側は納得していないのです。

したがってアメリカからすれば、「共同防衛」を規定する第五条では、日米両国兵士が自国領土のみならず相手国領土をも（たとえその一部でも）命を賭けて守ってこそ、はじめて「相互防衛条約」すなわち同盟条約の形が整うということになるのです。

†基地使用の「事前同意制」をめぐる日本の失策

「改訂案」に込められた第二の重要点は、米軍の基地使用にかかわる「事前同意制」の問題です。これは日米交渉においては最難関の一つでした。なぜなら「事前同意制」をアメリカが認めるかどうかは、同国にとっては極東戦略上の最大既得権を維持できるかどうかにかかりますし、一方日本にとっては国家主権という死活的「国益」を奪回できるかどうかに直結していたからです。

日本にとって「事前同意制」の問題がいかに重要であったか、それは岸が首相就任早々に臨んだ前出日米首脳会談で（一九五七年六月）、米軍の日本における配備ならびに基地使用に関する「事前協議」問題を、「安保改定」問題に先立つ喫緊の課題として米側に提起したことからも分かります。

結局のところ、同会談の後に発表された日米共同声明では、「実行可能なときはいつでも協議する」というあまり意味のない表現となって、アメリカから事実上拒否されます。両国にとって引くに引けないこの問題は、翌年（一九五八年）一〇月から始まる安保改定日米交渉へともち込まれたわけです。

その安保改定交渉を控えて、アメリカ側の交渉戦略は周到に準備されます。米国側の交渉当事者マッカーサー大使が何よりも恐れたのは、日本が米側より先に「事前協議制」ないし「事前同意制」を交渉のテーブルに上げてくることでした。

したがってアメリカは、まず第一回日米交渉の場に「事前協議制」を含む「新条約草案」を日本に先んじてもち出すことに執着し、そのために日本側への事前工作までしています。これから始まる一連の日米交渉全体に主導権を確保することはもちろん、条約改定の核心ともいうべき「事前協議制」で日本の機先を制することは、アメリカ外交の至上命題でした。

しかし、皮肉なことです。第一回日米交渉までに、実は「事前同意制」を含む日本側の新条約草案は、外務省内で調整がつかず成案を得ていなかったのです(原彬久『日米関係の構図——安保改定を検証する』NHKブックス、一九九一年)。

安保改定をみずから提起してきた日本、そして前出「改訂案」までも用意していた日本が、新条約草案を初回の日米交渉の場に出せなかったというのは、日本外交の失策でした。マッカーサーの交渉戦略が首尾を得たことは、いうまでもありません。条約をつくるための外交交渉では、相手国より先に草案を出した側が優位に立つのはよくあることです。

†アメリカが勝ち取った「事前協議制」の効果

「事前協議制」についてのマッカーサー大使の提案はこうです。すなわち、米軍部を含む「安保改定」消極派（とくに米軍部は「事前同意制」に強く反対していた）を刺激しないために、まず一つは、「（日本の）拒否権」と同義である「事前同意制」ではなく、同「拒否権」を必ずしも保証しない「事前協議制」を設けること、二つ目に「事前協議制」を条約本体から外して付属文書（交換公文）に格下げするということが、その骨子でした（辛うじて新条約調印後の日米共同声明では、間接的な表現で「日本の拒否権」が入ったのだが）。

アメリカが第一回日米交渉のテーブルに上げてきた、付属文書における「事前協議」の「主題」となるべきものは三点です。すなわち、ⓐ日本への米軍配置の重要変更、ⓑ米軍装備の重要変更（「核持ち込み」）、そしてⓒ日本からの戦闘作戦行動（ただし日本への武力攻撃に対する戦闘作戦行動を除く）が、それぞれ事前協議の「主題」になるということです。

かくて初回の日米交渉に新条約案を日本に先んじて提出したマッカーサーが、その狙い通り「事前協議制」の内容とその位置づけ（付属文書への格下げ）をほとんどすべて実現したことは、特筆に値します。「事前協議制」が新しく設けられたからといって、旧安保条約下における同国の「基地自由使用権」がそれほどのダメージを受けることがなかった最大理由の一つは、マッカーサー大使ら米国側の以上のような巧妙かつ周到な交渉戦略にあった、といえます。

アメリカが勝ち取った「事前協議制」は、その運用の段階で重大な効果をもたらします。まず一つ目にいえるのは、事前協議の「主題」三点ともいわば抜け道があったということです。日本が米軍の行動を正確に把握することは、どれも不可能だったからです。「主題」が設けられてはじめて事前協議が行なわれるのですが、米軍の行動を事前協議の「主題」と認定するのは、事実上アメリカ側です。したがって事前協議が実現するかどうかはアメリカ次第、ということになります。

二つ目に、たまさかアメリカが日本に事前協議を申し出たとしても、窮地に立つのは日本政府であることをアメリカは知っています。日本政府が「主題」についてアメリカの意に沿うよう「イエス」といえば、国民から「対米追従」と批判され、「ノー」といえば対米関係に亀裂が入ります。日米両政府は「事前協議をもたない」ことの利益を共有してきたともいえましょう。

†日米「核密約」と国内対策

三つ目に、とりわけ日本への「核持ち込み」時の事前協議については、「主題」三点のなかでも最大級の論争を呼びましたが、いわゆる日米「核密約」によって、旧条約下でのアメリカの特権であった「核持ち込み自由」が引き続きある程度確保されたのです。

例えば同じ「核持ち込み」でも、核搭載艦船の日本入港に関する安保改定時の日米「密約」問題は、以後真相が明らかにされないまま長期間日米関係を揺るがし、日本国民に疑念を抱かせました。

なぜなら、事前協議の「主題」である「米軍装備の重要変更」(「核持ち込み」)とは何か、について日米間の「解釈」の食い違いが、そもそもの問題として残ったからです。「核密約」問題を追い続けてきた太田昌克は、まずアメリカの「解釈」について次のように要約しています。

「明白なのは、核兵器の存在が日本側にばれないかぎり、核搭載艦艇の日本領海、港湾への立ち入りは事前協議の対象にはならない、つまり日米安保条約下で定められた『米軍装備の重要な変更』には該当しないとの解釈を米側が取ってきたということだ」(太田昌克『盟約の闇』日本評論社、二〇〇四年)。

もちろんこの太田の言が、後述のように、日本国民には全く知られていなかった日米間の「密約」を根拠にしていることは重要です。

一方で、特別な反核感情に支配されている国民、そしてこの国民の感情を無視できない日本政府は、もっぱら国内対策上、アメリカの「解釈」とは異なる苦肉の見解を公にします。その発端が安保改定時の赤城防衛庁長官の国会答弁です。

赤城は新条約調印から三カ月後の国会で、次のようにのべます。「（核搭載艦船が）日本の港に入っておる場合に、そういう装備をする場合には、第七艦隊といえども、これは事前協議の対象になります」（一九六〇年四月一九日、衆議院安保特別委員会、括弧は原）。しかもこの長官発言は、事前に事務当局（外務省・防衛庁・法制局）によって入念に準備されたものです（原、前掲『戦後日本と国際政治』）。

この赤城答弁が何よりも国内対策のためにアメリカとの「密約」に違背したことは、当時の外務次官山田久就の証言からも分かります。山田は筆者にこう証言しています。「『（核）もち込み』にはトランシット（寄港・通過）も入るという赤城の答弁は、野党の追及を怖れる〝とりつくろい〟にすぎなかった」（同前書、括弧は原）。

個別の条約を差配する日米非対称システム

こうみてくると、「核持ち込み」とは何を意味するのか、日米どちらの「解釈」が正しいのかが問題になります。しかしその答えは、太田の研究によればこうなります。

すなわち太田は、事前協議の法的根拠の一つとして、安保改定交渉時に取り交わされた日米「密約」の「機密討論記録」（一九五九年六月）を挙げています。同「記録」の「二項C」には、「事前協議は（中略）米軍機の日本飛来と米海軍艦艇の日本領海および港湾への進入に関する現行の手続きに影響を与えるものと解釈されない」（傍点は原）とあります。
ここでいう「現行の手続き」とは、核搭載した米軍艦艇や軍用機が旧来通り事前協議なしに日本領域内で寄港・通過できるということです。日米間で新しい取り決めをつくって日本の地位（権限）強化を明文化しても、その裏で「密約」なるものによって旧来の米国国益が「温存」されるというこの日米外交の手法は、行政協定改定時にもみられます（山本章子『日米地位協定』中公新書、二〇一九年）。

このように日米間に新しく安保条約が結ばれても、またそれに関連して「事前協議制」なるものが新設されても、その運用には、所詮日米の力関係すなわちあの日米非対称システムが相変わらず働いているのです。例えば安保改定交渉の開始から一カ月後に発せられた、駐日アメリカ大使館宛の国務省電報は、次のようにアメリカの本音を直截に語っています。「アメリカが事前協議そのものを不可能にする『緊急事態』もありうる」（Department of State to Amembassy, Tokyo, Nov. 10, PM 7 : 19, 1958, Department of State, 794.5/10–1358.）。

アメリカは、安保改定交渉の結果がどうであれ、実世界でいざ「緊急事態」とみずから判断すれば、「事前協議」そのものを棚上げできると踏んでいたことは、間違いありません。このことは、日米非対称システムがいざとなれば安保条約のごとき個別の条約を乗り越えて日米関係全体を差配するであろう姿を映し出すものです。

†アメリカにとっての極東条項の重要性

前出「改訂案」における第三の重要点は、「極東条項の削除」という問題です。岸政権は旧条約にある極東条項によって「アメリカの戦争」に日本が引き込まれることを嫌ったのです。しかし安保改定が初めからなかったかのように、極東条項はそのまま新条約（第六条）に引き継がれました。

つまりアメリカは、極東条項の「削除」を歯牙《しが》にもかけなかったのです。なぜなら米軍にとっては、「極東の平和・安全」のために極東条項に依拠して域外へと広く行動することは、単に「極東」を守るだけでなく、事態の変化によってはそれ以上の価値をもっていたからです。

ちなみに、極東条項の「削除」をアメリカ側に働きかけたのは、何も岸政権だけではありません。例えば佐藤（栄作）政権末期に開かれた「日米政策企画協議」（一九七二年六月）は注目に値します。なぜなら同「企画協議」は、日本側から吉野（文六）アメリカ局長ら、そして米国側からW・カーゴー政策企画委員長ら外務・国務両省の実務幹部から成る会議であって、しかもこの極東条項がここで議論されたからです。

この議論の推移をたどってみますと、アメリカがいかに極東条項に固執し、日本が同条項の「削除」をいかに強く望んできたかが分かります。すなわちこの協議で日本側は、仮に日本が安保「再」改定を極東条項廃止のために提案したなら、米側はどう反応するかと尋ねます。米側の応答はこうです。

ⓐ極東条項廃止となれば、安保条約を維持する意味がないこと。ⓑ日本の安全が韓国・台湾の安全と密接に結びついているにもかかわらず、同条項廃止となれば、それは「非常に島国的解決」であり日本に得策ではないこと。ⓒ日本は米軍に基地を提供し兵站支援を行なうだけだが、米国は韓国・台湾の危機には直接軍事力を派遣するゆえに、危険も問題も大きいこと。最後に、ⓓ「もし極東条項を廃止するとすれば、米国をアジアから追い出すということになるだろう」とのべて、強い拒否反応を示します〔第一五回日米政策企画協議報告（一九七二年六月一四～一六日、於下田東急ホテル）一九七二年六月三〇日、調査部企画課〕。

極東条項を守り抜こうとする米国の論理と迫力は圧倒的です。それに比べて、同条項「廃止」をもち出した側の日本が、米側の主張に反論という反論もせず簡単に「米側見解に賛成である」として引き下がってしまうのですから、日本外交の力量不足は明らかです。後述のごとく、「論ずべきを論ぜず」、「主張すべきことを主張せず」という日本外交の特質はここにも垣間見えます。

いずれにしても、アメリカにとって日米安保条約の真の目的は、米ソ冷戦のなか日本だけでなく、日本・極東を含めた東アジアの西側集団防衛体制の確立にあったのです。アメリカからすれば、極東条項が「日本防衛義務」に匹敵する重要性をもつゆえんです。しかし冷戦が終わった九〇年代以降でもこの極東条項は、また違った意味でその重みを増していきます。このことについては、次章で少し詳しく考察することにしますが、本来日本側の望まない極東条項が新安保条約に継承され、以後連綿として今日に至っているという事実から目をそむけることはできません。

†行政協定の核心的利益を手放さなかったアメリカ

以上「改訂案」での三つの重要点（「米国の日本防衛義務」、「事前同意制」、「極東条項の削除」）についてのべましたが、これらはいずれもその成否はともかく、日本側における「改革志向」を意味しています。しかしこれら三点に続く第四の重要点は、この「改訂案」が行政協定の改定には意欲らしい意欲を示していない、という事実です。

「改訂案」がつくられたのは、前出の通り五七年三月、すなわち岸政権誕生直後です。「行政協定」に関する限り、日米政府間で具体的なやりとりがこの時点であったとは考えられません。ただ、米政府とりわけ軍部がみずからの権限縮小をもたらす行政協定改定に従来から反対していたこと、そして駐日米大使館側もこの事実を日本政府に伝えていたことは確かです。結局のところ岸政権は、アメリカの立場に配慮してみずから同「協定」の「改定」を敢えてその視野からはずしていた、ということでしょう。

ところが、歴史はどう転ぶか分かりません。これまでのべてきた三点に勝るとも劣らぬ重要性をもつこの行政協定について、これを改定する問題が日米交渉の途中から突如浮上します。政権与党内の派閥抗争激化のなか、「反岸」勢力から「行政協定改定」要求が突きつけられたからです。行政協定を条約改定と「同時」にかつ「大幅」に改めるべしという党内反主流勢力に押されて、結局これを米側に申し入れた、というわけです。

結論を先取りしていえば、安保改定の最重要部分ともいうべき行政協定改定もまた、アメリカの力を背景にした日米非対称システムのなかで決着をみたということです。

ただ、行政協定のなかにある米軍既得権のうちの多くのものがこの日米交渉で緩和ないし放棄されたことは事実です。外務省が五七点に及ぶ改定点をまとめてこれをアメリカ側に提示したこと、そしてもともと行政協定の大幅改定を拒んでいたマッカーサー大使がこの日本側の大幅改定案に激怒しながらも、最終的にはアメリカ側が、協定の内容とともにその名称まで「地位協定」へと改めて日本側の要求を相当程度受け入れたことは、間違いありません（原、前掲『戦後日本と国際政治』）。

しかし重要なのは、アメリカがいくら日本側に妥協して「大幅改定」に応じたとしても、同国が行政協定の核心的な利益を手放すことはなかった、ということです。いい換えればアメリカは、基地使用にかかわる核心的な利益を守るためにこそ、それ以外の諸利益を「大幅」に日本側に譲って基地のさらなる安定維持を確保することになるのです。

かくて、米国側の核心的な利益とは何か。「基地自由使用権」や「基地自由設定権」はもちろんのこと、例えば基地外での「事故現場封鎖権」とでもいうべきものも、核心的な利益の一つではあります。

今世紀に入って数年後（二〇〇四年八月）のことですが、沖縄国際大学に米軍ヘリが墜落しました。矢部宏治によれば、事故後直ちに数十人の米兵が大学構内に乗り込んで「事故現場を封鎖」したのです。日本の警察・消防、行政責任者である知事・市長、そして国会議員でさえ、その「現場」が基地外であったにもかかわらずそこに立ち入ることはできませんでした（矢部宏治『日本はなぜ、「基地」と「原発」を止められないのか』集英社インターナショナル、二〇一四年）。

「事故現場封鎖」を可能にする両国間の「合意議事録」にはこう表現されています。「日本国の当局は（中略）所在地のいかんを問わず合衆国軍隊の財産について、捜索、差押え又は検証を行なう権利を行使しない」（「日米地位協定合意議事録」一九六〇年一月一九日、傍点は原）。

日本領土内で米軍機事故が起これば、そこが日本のどこであろうと（たとえ国会議事堂構内であろうと、総理官邸であろうと）、そして事故に関連して散乱したいかなるものも（たとえ墜落ヘリの断片であっても）、米国がそれをみずからの「財産」と認定した瞬間、その「現場」を治外法権化することができるのです。行政協定の「大幅改定」に応じてもみずからの核心的利益だけは手離さない、というアメリカの固い決意がここにあります（ちなみに、米軍ヘリ墜落事故の翌二〇〇五年、日米合同委員会は同類の事故発生に備えて「ガイドライン」をつくるが、日本側の権利回復については事実上成果はなかった）。

†駐軍協定の本質を残す新安保条約

地位協定交渉の最中すなわち一九五九年五月一五日付で、国務省はマッカーサー大使宛に次のように発信しています。「そのような改定（ある一定の行政協定改定）は、海外基地の運営から生まれる将来の摩擦範囲を最小限に減らして、基地受け入れ国の満足度を高めたいというわれわれの関心に一致する」(Department of State to the Embassy in Japan, May 15, 1959, No. 1726, Department of State, 611.94/4-3059)。

つまり、それまで行政協定から得ていたアメリカの既得権益とりわけその核心的利益の確保という至上命題のためには、いわば「捨てて勝つ」適応のリアリズムが同国には必要だったということです。岸信介がその政治生命を賭けてやり遂げた安保改定も、所詮は日米非対称システムのなかでしかなされなかった、ということかもしれません。

岸の「安保改定」が、吉田の「サンフランシスコ体制」を打破して「独立の完成」を実現するためであった、ということは周知の事実です。しかし岸にしてみれば、みずからの「安保改定」によってそれ相当の成果を得たとはいうものの、やはり不満は残ります。「戦力・交戦権」を禁じ集団的自衛権行使を不可とする憲法九条ゆえに、日米対等の「相互防衛条約」にアメリカが応じなかったという事実は事実として認めざるをえないでしょう。

吉田の旧安保条約が単なる「駐軍協定」に終わったように、岸の新安保条約もまた、「米軍在日基地を含む日本施政下の領域のみを日米共同で守る」という趣旨の第五条に象徴されるように、本質論からいえば、やはり「駐軍協定」の域を出るものではありません。日本は憲法九条ゆえに一方的な対米依存（安保条約第五条）をしながら、他方で日米対等の「相互防衛条約」をアメリカに受け入れさせるとなれば、それこそ日本の〝超絶〟外交が必要になるでしょう。

国際政治の現実は冷厳です。戦後一貫して米日の優劣・上下の関係を構造化してきた日米非対称システムは、安保改定を経てもなお、いや安保改定によってこそ一層安定・強化されていったといえます。アメリカ一流の「適応の論理」がここにあります。

次に挙げる事例は、岸が「日米対等」を目指して「安保改定」交渉を進めている最中に起こったものです。しかし、一年二カ月にわたる日米交渉が終わって新条約が完成・発効すれば、この種の事例はありえないと当時断言できる人は少なかったでしょう。なぜなら、これは単なる一過性のものではなく、ある種の「生活習慣病」であったといえるからです。日米非対称システムがいかに盤石であるかを示す比較的分かりやすい事例であったということでしょう。事の顚末はこうです。

†砂川事件と伊達判決

岸内閣が生まれて間もない頃ですが、ある有名な政治事件とそれにかかわる東京地裁判決がありました。東京地裁判決は、それが安保改定をめぐる日米交渉の途上にあって、しかも旧安保条約そのものを主題にしていただけに、その衝撃力を一層際立たせるものでした。この第一審判決こそ、「伊達判決」といわれるものです。同地裁裁判長の伊達秋雄が下した判決にちなんでこういわれたのです。

この伊達判決を生んだ政治事件とは、一般に「砂川事件」といわれます。一九五七年七月東京都砂川町の立川飛行場拡張に伴う調達庁測量調査にあたって、これに反対する労組員・農民・学生らデモ隊が機動隊・測量員らと衝突し、デモ隊の一部が基地内に踏み込んで二三名が逮捕され（九月）、うち七名が「（旧）安保条約第三条に基づく行政協定に伴う刑事特別法」（括弧は原）違反で起訴されます（一〇月）。これが砂川事件です。

事件発生から二年足らずで出された伊達判決（一九五九年三月三〇日）の核心部分は、およそこういうものです。すなわち、米軍の日本駐留が憲法第九条二項の「戦力不保持」に違反し許されないこと、それゆえ米軍の施設・区域に関する利益を一般国民以上に保護する刑事特別法第二条は無効だ、というものです。

政府の完全敗北です。慌てたのは、もちろん当時の岸政権と駐日米大使館です。米政府内の一次資料（布川玲子・新原昭治編著『砂川事件と田中最高裁長官』日本評論社、二〇一三年）によれば、藤山外相は判決から二四時間も経たない翌日（三月三一日）早朝八時にはマッカーサー大使に会うという、異例にも素早い行動に出ます。大使は同判決が安保改定交渉に悪影響を及ぼさないためには、「論議の時間」を長引かせて左翼勢力を利してはならないこと、したがって高裁を飛び越えて最高裁に「跳躍上告」することが重要だと主張します。

藤山はこれに同意し、九時から始まる閣議にかけてみると発言して大使のイニシアティブに応じます。こうなりますと、藤山・マッカーサー会談が閣議の直前にもたれたのは、単なる偶然とはいえないでしょう。

マッカーサーの「跳躍上告」勧告が政府にどれほどの圧力になったか、それを検証することはできません。しかしこの会談からわずか三日後（四月三日）、実際に政府は最高裁に跳躍上告することを決定します。日本の司法システムを熟知するアメリカ側が「跳躍上告」という「奥の手」を日本側に教示し、それが岸政権の訴訟戦略に反映していくという流れです。日本における対米従属の惰性がここにもみえるというものです。

かくして跳躍上告を受けた最高裁は、八カ月後の同年一二月（一六日）、異例のスピードで判決を出します。その判決は「（第一審の）原判決を破棄し東京地裁に差し戻す」というものでした。つまり最高裁は、「米軍駐留は違憲」とする伊達判決を最終的に否定するとともに、日本の指揮管理の及ばない駐留米軍を憲法九条の「戦力」とは認めない、としたのです。

裁判に関していえば、一般に国民の関心はその評議の結論（判決）に集中しますが、その判決がどのような経緯でそこに至ったか、いわばその司法過程が注目されることはほとんどありません。

しかし砂川事件の跳躍上告から最高裁判決までの過程が、本来なら法治国家の原則すなわち「司法権の独立」に貫かれているはずなのに、実はそれが日米非対称システムという、すぐれて包括的・政治的な権力関係に支配されているその姿を、私たちはみることになるのです。

†日本の司法と日米非対称システム

いわゆるジラード事件の前橋地裁判決が日米の力関係によって決められたのは、前述の通りです。さらに今度は、砂川事件をめぐって最高裁の司法過程に「政治」が浸潤していくという紛れもない事実を、先の米政府内一次資料（同前書）が次のように明らかにしているのです。

当時の最高裁長官は田中耕太郎です。本件は、跳躍上告された後大法廷（田中耕太郎裁判長）に移されますが、問題は司法界の頂点に立つ田中長官が、みずから指揮するこの裁判に関連して幾度も米大使館側と接触していたという事実です。

なかでも重要なのは、最高裁の評議進行中に行なわれた田中・マッカーサー会談（一九五九年一一月五日）です。マッカーサー大使は、国務長官宛の書簡でこの会談の内容を次のように報告しています。

第一に「田中裁判長との最近の非公式会談の中で、砂川事件について短時間話し合った」こと、第二に「裁判長は、時期はまだ決まっていないが、最高裁が来年の初めまでには判決を出せるようにしたいと語った」こと。

第三に田中裁判長が「一五人の裁判官からなる法廷にとって最も重要な問題は、この事件に取り組む際の共通の土俵を作る」ことにあるとして、「全員一致」の裁定を目指している点を強調したこと。そして最後に、伊達判決が最高裁で「覆されるだろうと（田中は）思っている」（括弧は原）という「印象」を受けたこと。

なお、これより三カ月前（一九五九年八月三日）の田中・レオンハート（米公使）会談では、田中がみずからの裁判指揮戦略を語り公判日程を詳しくのべるとともに、「世論を〝揺さぶる〟素になる少数意見」の回避を期待している旨明言しています（同前書）。

田中長官の発言通り、伊達判決は確かに覆されました。最高裁の「破棄差し戻し」判決が出された翌日（一九五九年一二月一七日）、マッカーサー大使は国務長官宛に、田中判決を絶賛して次のように打電しています。第一にこの判決が「全員一致」で下されたことは「とてつもなく有益な展開」であること、第二にこの「全員一致」判決を導いた田中裁判長の「手腕と政治力」を称賛すべきこと、そして第三にこの裁判が「日本を自由陣営に組み込む」うえで「金字塔」になったというのです。

司法権の独立を守るべき司法トップの最高裁長官が、他の主権国家（米大使館）に情報を伝え「内密の話し合い」（private conversation）をすること自体、自国主権と民主主義の根底を揺るがすものです。国内では他の統治二権（立法権・行政権）から独立している司法権、そして何よりも他の主権国家から独立しているはずの日本の司法権、さらには「純司法的機能をその使命とする」司法権が、日米非対称システムのなかでアメリカの政治的風圧に晒《さら》されているその姿は、否定しようのない事実です。

いや日本の司法がアメリカ側の意向を忖度してみずから接触を求めていく（あるいは米国から求められてそれに応じる）、という側面さえあるのはこれまた事実です。最高裁長官が自身の指揮する評議の情報を米国に流し、時に同国と密議するという行為は、もちろん安保条約上の義務ではありません。最高裁長官という司法の最高「機関」によるこの行為は、単なる個人の気紛れとして片づけられてはなりません。それは安保条約を越えて、さらに大きな政治構造としての日米非対称システムに位置づけられるものであり、そのように位置づけられてはじめて説明がつくものといえましょう。

第四章
冷戦が終わって

日米安保共同宣言に署名した後、握手するビル・クリントン米大統領と橋本龍太郎首相
（東京・元赤坂の迎賓館、1996年4月17日、毎日新聞社）

1　安保条約の広域化と日米一体化

†問われた安保条約の存在理由

日米非対称システムが日本敗戦→被占領→講和・安保両条約締結を経て、さらに久しく米ソ冷戦に揉まれつつ日米関係を主導してきたことは、これまでの叙述から明らかです。
しかし誤解してならないのは、日米非対称システムを下支えする安保条約が、米ソ冷戦だけの申し子ではないという点です。その証拠に、米ソ冷戦が終わった一九九〇年代以降も、安保条約は依然として健在なのです。

冷戦の一方の当事国ソ連の新しい指導者（共産党書記長）としてM・ゴルバチョフが登場したのは、一九八五年です。「ペレストロイカ」・「新思考外交」を引っさげて西側陣営との和解へ動くゴルバチョフと、西側陣営の盟主アメリカの大統領R・レーガンは、とりわけ八七年一二月のＩＮＦ（米ソ中距離核戦力）全廃条約の調印を機に相互信頼を加速させます。

冷戦の最前線であり続けた東西ドイツの分断、その分断の象徴である「ベルリンの壁」

が崩壊した（一九八九年一一月）のは、まさに歴史を決定づけるものでした。「ベルリンの壁」崩壊の翌月（同年一二月）、米ソ首脳（第四一代米大統領G・H・W・ブッシュとソ連最高会議議長ゴルバチョフ）が、地中海マルタ島でついに「冷戦終結」を宣言します。「全面核戦争」の危機をつねにはらみつつ、イデオロギーと覇権を賭けて闘った世紀の冷戦は終わりました。

それを証明するかのように、誰も想像すらしなかった出来事が次々と起こります。いわゆる「東欧民主革命」（一九八九～九〇年）、ドイツ統一（一九九〇年一〇月）、そしてあの「ソ連崩壊」（一九九一年一二月）が現実のものとなったのです。米ソ冷戦は、確かに終わったのです。

こうして世界が冷戦崩壊という歴史の激動に遭遇したとき、日米安保条約がこの歴史の波動に揺さぶられないはずはありません。なぜなら、旧・新安保条約こそ、まずはアメリカが「反ソ・反共」を闘い抜くために、そして敗戦国日本が「対米従属」に甘んじてまでも同じく「反ソ・反共」のために、つまり日米はどんな場合でも「冷戦」という「説明根拠」を支えにして安保条約を維持してきたからです。

したがって、このように旧・新安保条約を理念と現実双方において終始支えてきた「説明根拠」としての「冷戦」が失われたとき、安保条約の存在理由が改めて問われるのは当然です。「日米安保条約は本当に必要なのか」という素朴な疑問が、日米双方から少なからず聞こえてきたのも、無理はありません。

†樋口レポートと「日本のアメリカ離れ」

安保条約へのこうした疑問にどう応えていくか。まず表面に現われた最初の顕著な応答は、日本側からのものでした。三八年間続いた五五年体制を破って、一九九三年細川（護《もり》熙《ひろ》）非自民連立政権が生まれたとき、細川は私的諮問機関として防衛問題懇談会（樋口廣太郎座長）を設けたのです。冷戦後の安全保障政策を新しい角度から検討するためのものでした。有識者からなる同懇談会が、細川・羽田（孜）の後継首相村山富市に報告書「日本の安全保障と防衛力のあり方——二一世紀へ向けての展望」（「樋口レポート」）を出したのは、翌年八月のことです。

同「報告」を貫く最重要点は、日本の防衛力と日米同盟を中心とする従来の「冷戦的防衛戦略」から転じて、日米同盟と関連づけながら「地域的・多角的安全保障」戦略へと政策転換していくその問題意識です。とくにアジア太平洋地域におけるさまざまな安全保障協力に日本が積極的にかかわるべきことを強調しているのが、大きな特徴です（「樋口レポート」の形成過程については、平良好利「冷戦終結と日本の安全保障構想」、河野康子・渡邉昭夫編著

『安全保障政策と戦後日本　一九七二―一九九四』千倉書房、二〇一六年参照）。

しかし皮肉なことです。これまでのべてきたことですが、アメリカは冷戦時代には、日本が自国「安全」のためばかりでなく、広くアジア全体の集団防衛体制に関与すべきことを求めてきました。ところが冷戦が終わって、首相の私的諮問機関が、「地域的・多角的安全保障」戦略すなわちアジア太平洋地域を含む国際安全保障への関心を示すや、そのアメリカがいち早く日本にある種の警戒心を抱くようになります。あの「日本のアメリカ離れ」への恐れが、またぞろ頭をもたげてきたのです。

もちろんこの「日本のアメリカ離れ」が、もし冷戦時代のアメリカであれば、「日本中立化」（あるいは「日本共産化」）の悪夢と表裏一体であったことはいうまでもありません。しかし冷戦が終結して「日本中立化」が論外になってもなお、「日本のアメリカ離れ」が、依然アメリカの悪夢であり続けたのはなぜか。それは、「日本のアメリカ離れ」こそ「アメリカの安全」すなわち同国「国益」の核心に触れるものだったからです。

重要なことは、先ほどのべたように、冷戦時代の安保条約が「反ソ・反共」を同条約正当化の「説明根拠」にしていたこと、そして安保条約がその「説明根拠」とともに、それよりもさらに深いところに厳然としてある「アメリカの国益」によって定礎されていたということです。

つまり、安保条約をその最深層部で支えていたのは、実は「アメリカの安全」(アメリカの領土・国民・政治経済体制の安全など)という名の不動の「国益」であったというわけです。要するに安保条約は時代によって変化する「説明根拠」と、いかなる時代にも揺るがない「アメリカの安全」という二層の「基盤」に支えられて延命してきたのです。

したがってアメリカが「反ソ・反共」という安保条約の「説明根拠」を喪失したとき、今度はこの「反ソ・反共」(すなわち「米ソ冷戦」)に代わる新しい「説明根拠」を探らなければならなくなったのは当然です。「国益」というある種むきだしの「我欲」を公共性ないし普遍性をもって包み込むための新しい「説明根拠」を模索する必要があったのです。

†ナイ・レポートによる「安保再定義」

かくてその模索の結果が、次にのべる、いわゆる「ナイ・イニシアティブ」による安保「再定義」というものでした。アメリカは安保条約を「再定義」(「読み替え」)して同条約の「説明根拠」を新たに打ち立てようとしたのです。アメリカは、かくてこの「再生」安保条約を日米非対称システムのなかに改めて組み込むことによって、同システムの立て直しを図ろうとしたわけです。

そもそもアメリカが冷戦後の対日政策を本格的に検討し始めたのは、日本の防衛問題懇談会が前出「樋口レポート」を村山首相に提出した翌月、すなわち一九九四年九月のことです。つまり、同月ハーバード大学教授のジョセフ・ナイが国防次官補に就任し、日米安保「再定義」のための理論武装を進める作業にとりかかるのです。ナイが以後五カ月間かけて完成したのが、一九九五年二月の「東アジア戦略報告」(United States Security Strategy for the East Asia-Pacific Region, Office of International Security Affairs, Department of Defense, February 27, 1995)というものでした。

ここで断っておきたいのは、いわゆる「樋口レポート」がその後日本の安全保障政策に変更をもたらした形跡はないということです。しかし同「レポート」がアメリカの対日政策を変えていくある種「刺激剤」になったことだけは、確かです。かくしてアメリカは日米安全保障関係を転換するイニシアティブを日本から取り戻すことになるのです。「東アジア戦略報告」を作成したナイの名にちなんで「ナイ・レポート」ともいわれる文書には、次の五つの重要な論点が含まれています。

第一の論点は、アメリカがアジアにもつ利益は過去二世紀を通じて一貫していること。つまりその利益とは、アジアにおける平和・安定、アジアへの商業的アクセス、そして航海の自由であり、しかもそれらを実現するためにはアジアでいかなる覇権国・覇権連合の出現も認めないこと。

第二に、アジアの経済発展は目覚ましく、二一世紀初頭にはアメリカを除くアジア太平洋地域の経済活動が世界経済の三分の一になると予想され、したがってアジアの安定はアメリカにとって死活的に重要になること。

第三にこうした文脈からして、アジア太平洋地域におけるアメリカの軍事プレゼンスが同地域の安全保障とアメリカの軍事的立場にとって不可欠であること。とくに注目すべきは、中国の軍事的台頭が地域内諸国の行動に重大な影響を与えており、しかもその中国の軍事的意図が不透明なだけに、他のアジア諸国は中国の大国化にどう立ち向かうかが課題になること。

第四にこうした状況を考えると、アメリカにとって日本との二国間関係ほど重要なものはないし、日米関係はアジア太平洋地域におけるアメリカの安全保障と世界戦略の要石であること。したがって地域の重要性からすれば、アメリカは「一〇万人の米兵」を日本や韓国などに駐留させる必要があり、そのためにまずは日本の理解と協力が前提になること。

そして最後に、とくに在日米軍基地は引き続きアメリカにとって戦略上不可欠であること。なぜなら在日基地は、「地域における事実上どんな紛争地点にもいち早く兵力展開できる格好の位置」にあるからであり、だからこそ同基地は、敵の侵略を抑止し打ち負かすアメリカの能力に決定的な貢献をなしうるということ。

†ナイ・レポートの含意

以上が「ナイ・レポート」の要点ですが、要するに同「レポート」の行き着くところは、アメリカの対日占領以来一貫して確保してきた「在日基地」が、冷戦後は「日本防衛」や「極東の平和・安全」にだけでなく、広くアジア太平洋地域の安全保障に関与していく鍵になる、というわけです。

冷戦後の安保条約は、明らかにその役割の広域化（地球化）と日米一体化をアメリカから求められています。もちろんこのことは、安保条約が「冷戦」という「説明根拠」を失うや、アメリカが新しく同条約を正当化するために「アジア太平洋地域の平和・安定」という「説明根拠」を前面に押し出してきたことと大きく関連しています。

「アジア太平洋地域の平和・安定」のための「在日基地」が、アメリカにとってますます重要になれば、この「在日基地」の法的基盤としての安保条約（および地位協定）が改めて同国の核心的国益につながっていくのは、当然の成り行きといえます。

しかも「ナイ・レポート」によれば、新たな役割を付加された在日米軍（在日基地）が日本側の支援拡大によって非常に恵まれた環境のなかにあるというのです。在日基地の運用に対して日本がアメリカの同盟国のなかで「最も寛大な支援」を提供しているからです。

つまり米軍の軍事作戦や軍事訓練のための確たる条件整備を行なっている日本を、米国側は高く評価しているのです。

とくに同「レポート」が強調しているのは、資金面での貢献です。九〇年代に入って本格化したいわゆる「思いやり予算」によって、日本は基地従業員労務費、光熱水費のほとんど全額を負担し、さらに「提供施設整備計画」に基づいて、およそ一〇億ドルの施設建設費を予算計上しています。他に米軍の借地料、道路通行料等々毎年四〇億ドル以上が日本の支払いとなります。

アメリカ側が日本におけるみずからのプレゼンスを、米国内基地を含む世界中の米軍基地のなかで「最も安上がり」だというのも頷けます。エアロビクス教室、ビリヤード設備、映画館など軍人・家族の娯楽施設まで日本が負担するのですから（梅林宏道『在日米軍』岩波新書、二〇一七年）、確かに日本の「最も寛大な支援」は格別なものではありません。

いま一つ「ナイ・レポート」には、語らずして語っている重い含意があることに留意しなければなりません。ナイを国防次官補に指名して、冷戦後の日米同盟を「再確認」する作業をナイその人に命じたのは、当時の国防長官W・J・ペリー（浦賀来港で知られるペリー提督の子孫）です。そのペリーが回想録〔W・J・ペリー（春原剛訳）『核なき世界を求めて』日本経済新聞出版社、二〇一一年〕でこうのべています。

すなわち、アジアでの米軍プレゼンスは「冷戦時代以上に重要になる」こと、なぜならもし日本が「米軍プレゼンス」からくる安心感をもたなければ核武装に走る可能性があるからだ、というのです。つまり日本に「核武装の必要性を感じさせない」ことが大切だというわけです。

アメリカが最も恐れるのは、「米軍不在」に不安をもつ日本が核保有することによって「強すぎる日本」になること、そして地域内諸国の核武装化が中国を刺激して更なる軍拡に向かわせるという「負の連鎖」だ、というのです。

もし韓国とともに日本が核保有に傾けば、アジアでの軍拡競争に拍車がかかり、この地域に「悲劇的な結末」をもたらすことになる、というのがペリーの持論でもあります。かくして核軍拡による「負の連鎖」を回避するためには、どうしてもアジア太平洋における米軍のプレゼンスが不可欠になるのだというアメリカの論理は、こうして固められていくのです。

†新「防衛計画の大綱」の「六条事態」重視

もちろん米国側のこの底意を日本がどう受けとめているかは別にして、ともかくポスト冷戦時代を迎えて作成されたこの「ナイ・レポート」に日本側は早速呼応します。その結果できあがったのが、実は九五年一一月の新「防衛計画の大綱」（「平成八年度以降に係る防衛計画の大綱について」）なのです。旧「大綱」（一九七六年）を一九年ぶりに改めたものです。この新「大綱」が、ポスト冷戦時代におけるアメリカの新戦略（安保条約の「再定義」）に沿った政策指針であることは、いうまでもありません。

事実、新「大綱」は日米安全保障関係の強化・拡充を明確に謳っています。新「大綱」は安保条約が「日本の安全」に不可欠であるだけでなく、「周辺地域」の安全保障にも貢献すべきだとしているのです。いってみれば新「大綱」は、「日本への武力攻撃」という安保条約の「五条事態」から、「極東の平和・安全」を損なう状況としての「六条事態」へとその重心を移していくという、画期的な含意を示すものでした。

日本は冷戦時代、ソ連（あるいは中国）からの「武力攻撃」をつねに想定しつつ安保条約第五条の発動準備をしていました。それに比べて冷戦時代の「六条事態」は、日本にとっては「五条事態」に比べて明らかに副次的な位置にあるものでした。

しかし、上記「ナイ・レポート」の意を体してつくられた新「防衛計画の大綱」が、「五条事態」と「六条事態」の関係を少なからず変えていったことは確かです。冷戦時の最大脅威であったソ連そのものが崩壊したことによって、同「大綱」が「六条事態」の重大性を再認識したようにみえるほど、その重みを増すに至ったというのは、ある意味で自然の流れではあります。

米軍が在日基地を使う目的としての「日本の安全」と「極東の平和・安全」（極東条項）とは、安保条約第六条の条文をみる限り並列し、論理的には相互に独立したようにもみえます。しかしアメリカは、「日本の安全」と「極東の平和・安全」が分かち難く絡み合い、密接な関係にあることを強調します。すなわち日本の安全にかかわりの深い「極東の平和・安全」を維持するためにも、米軍は在日基地を使用するのだ、というのがアメリカの論理です。

第六条の極東条項が安保条約のさらなる広域化と日米一体化の始発点ないし典拠として機能するのは、まさにこのアメリカの立場を反映するものです。

そうしたアメリカの思惑を取り込んだ新「大綱」について当のアメリカ側（国防総省）の反応を、船橋洋一は次のように紹介しています。「（アメリカは）日本側が日米安保をアジア太平洋地域全体の安定のために使っていく姿勢をこれまでになくハッキリと打ち出したとして高く評価した」（括弧は原）。さらに船橋は、「日本側がここまで踏み込んでくるとは、正直いって思っていなかった」という国防総省幹部の感想を伝えています（船橋洋一「日米安保再定義の全解剖」『世界』岩波書店、一九九六年五月号）。

†日米安保共同宣言による「安保再生」

アメリカのこうした高い対日評価は、逆にいえば日本が日米安保条約の広域化と日米一体化に向けてアメリカの意向をいかに肯定的に受け入れたかを物語っています。安保条約にかかわるこの状況変化のなか、安保「再定義」を含めて新しい日米関係をどうもっていくかを公式に文書化したのが、実は一九九六年四月の日米両首脳（橋本龍太郎首相とビル・クリントン大統領）による「日米安全保障共同宣言」（以下「日米安保共同宣言」ともいう）であったのです。

同文書における最大の特徴は、これが「ナイ・レポート」の政策提言を日米共同で実践する決意表明でもあったということです。具体的にいいますと、次の五項目にまとめられます。

第一に世界の繁栄の結果、「アジア太平洋という地域社会」が出現したこと。第二に日米安保条約は同地域の繁栄の基礎であると同時に、同地域への米国関与の基盤であること。第三に、だからこそ米軍プレゼンスは同地域の平和・安定に不可欠であり、したがって日本・韓国などに「約一〇万人の米兵」を駐留させること。第四に「地球規模」の問題にかかわる日米協力関係の増進のために「七八年ガイドライン」（「日米防衛協力のための指針」）

を見直すこと。そして最後に、日本周辺での事態が日本の平和と安全に重大な影響を与える場合には「日米間の政策調整」などが必要だ、ということです。

いずれにしても、冷戦後の安保「再定義」がこの「日米共同宣言」によって公式に示されたとなれば、以後日米安保条約は憲法九条からくる制約と衝突しつつも、日米両政府にとっては、事実上極東条項を拡延していくその政策的橋頭堡を築いた、ということになります。

つまり日本は、アジア太平洋地域の「平和・安定」のためにアメリカとの「共同行動」すなわち「日米一体化」を拡充しなければなりません。この広域化された「共同行動」のなかには、日米体制強化のために、例えば新「大綱」が示しているように、日米共同の研究・演習・訓練などをはじめ情報交換・政策協議などが改めて含まれることになるのです。

ともあれ、橋本・クリントンの「日米安保共同宣言」が「冷戦終結」という大状況を迎えて安保条約を読み替え、同条約の広域化および日米一体化へと大きく布石を打ったという意味では、全く新しい展開であったといってよいでしょう。

日米安全保障関係にかかわるアメリカ長年の夢がようやくここに叶えられようとしているのです。マルタ島での米ソ首脳による「冷戦終結宣言」(一九八九年)から七年、「冷戦」喪失の日米安保条約は、その間若干の動揺をみせつつも、「日本のアメリカ離れ」を恐れるアメリカの主導によって、再び本来の日米安全保障関係を取り戻したかにみえます。いやこれを機に、安保条約はさらに日米関係を濃密にした、といってよいのかもしれません。

かくして、「安保条約」を「天皇制」、「憲法」に続く第三の基層とする日米非対称システムは、この「再生」された安保条約をみずからのなかにいま一度組み込むことによって、次なる「延命」の態勢を整えたのです。

†新「ガイドライン」と重要影響事態法

先ほど触れたことですが、「日米安保共同宣言」の重要なポイントの一つは、日米安全保障関係の広域化および日米一体化を推し進めるために、同「共同宣言」が「七八年ガイドライン」の改定を打ち出したところにあります。しかも、実際にできあがった新「ガイドライン」（「日米防衛協力のための指針」一九九七年九月）は、「七八年ガイドライン」にはなかった新しい概念、すなわち「周辺事態」での日米協力を謳っている点にその特徴があります。

かくて、新「ガイドライン」の内容を日本側の政策として体現したのが、九九年のいわゆる「ガイドライン関連法」です。その「ガイドライン関連法」の一つが、実は「周辺事態法」（「周辺事態安全確保法」）だったのです。

周辺事態法によれば、「周辺事態」とは、おおよそこういうことです。すなわち、そのまま放置すれば対日武力攻撃の恐れのある事態など、「日本周辺」での平和・安全に重要な影響を与える事態のことです。

従来なら、安保条約に関連して極東条項すなわち「六条事態」が発生すれば、日本は知ってか知らずか、米軍に対して在日基地を自由使用させるほかなく（事前協議はこれまで一度もなかった）、その「不作為」によって条約義務を果たしていました。しかし周辺事態法の成立によって、今度は、朝鮮半島ほか周辺地域での武力紛争などに対処する米軍を、自衛隊などは行動をもって後方支援しなければなりません。

具体的にいえば「後方支援」は、自衛隊による米軍への補給、人員・物資の輸送、修理・整備、医療、空港・港湾業務等での支援をその主たる内容とします。しかも周辺事態法では、政府は自治体や民間企業等に上記輸送や医療その他広範囲にわたって協力を要請することができます。いまや日本は、自衛隊はもちろん一般国民もまた、周辺地域におけるアメリカの武力紛争に何らかの形で事実上関与する状況が出てきたということです。安保条約の広域化と日米一体化は、いよいよ「ルビコン」を渡ったのです。

しかもこの周辺事態法は、二一世紀に入って文字通り拡延していきます。同法改正による、いわゆる「重要影響事態法」の成立もその一つの現われです。この「重要影響事態法」は、国内論争を呼んだあの「安保関連法」の一翼を担ったものです。

「安保関連法」が成立したのは、二〇一五年九月です。同「関連法」は、既存の法律（自衛隊法など）一〇法を束ねた一括法「平和安全法制整備法」と新設の恒久法「国際平和支援法」（国連決議に基づく米軍などの活動を後方支援するために、自衛隊を随時海外に派遣することができる）から成るものです。

「重要影響事態法」の核心の一つは、おおむねこういうことです。すなわち、そのまま放置すれば対日攻撃の恐れがあるような、国の平和・安全に重要な影響を与える事態を「重要影響事態」と定義しているのです。つまり、周辺事態法のいう前記「日本周辺での平和・安全に重要な影響を与える事態」という文言から「日本周辺」という地理的限界を削除したのが「重要影響事態」だ、というわけです。

世界のどこでも日本の平和・安全を脅かす事態があると日本政府が判断すれば、合衆国軍隊「等」すなわち米軍だけでなく他国軍（実際にはオーストラリア軍などを想定している）をも後方支援することができるのです。

しかも米軍を含む他国軍に弾薬供給をすることや、作戦のために出撃準備中の他国軍機に給油することも可能になります。ミサイルなどを関係他国軍に提供・輸送する可能性も、日本政府は否定していません。

要するに自衛隊の「後方支援」が地理的制約を受けずに、理論上は米国だけでなく「地球の裏側」にある他国軍に対しても可能になるわけです。「安保関連法」の諸法律のなかでも、アメリカにとってはある意味で最も使い勝手のよい、実用価値のある改正法であったといえます。

というのは、補給能力、すなわち物品・役務提供に関して世界でも有数の技術力や経済力をもつ日本、その日本の自衛隊がとりわけ米軍に協力して、しかも「日本周辺」を越えてグローバルに後方支援することが可能になったからです。

†「改正武力攻撃事態法」と集団的自衛権行使

以上「重要影響事態法」が、日米安保条約の広域化と日米一体化に向けて重大な意味をもつことは一見して理解できます。しかし同「事態法」に並んで、実はそれ以上に大きな意味をもつ法律が生まれました。「安保関連法」の中心を占める「改正武力攻撃事態法」、すなわち「武力攻撃・存立危機事態法」がそれです。

改正前の旧「武力攻撃事態法」は、二〇〇三年（六月）に成立した「有事法制」（有事関連三法）の最重要部分を構成していました。つまり日本有事の際、個別的自衛権によって防衛措置を講ずる要領をまとめたのがこの「有事法制」であり、旧「武力攻撃事態法」はその中核に位置するものだったということです。

そもそも日本国民は、憲法九条のゆえに他国から「武力攻撃」など受けるはずはないと信じていたのでしょうか。それとも日本国民は、いざ有事になればアメリカが何とかしてくれると考えていたのでしょうか。いずれにしても、万が一の有事に備えたいわゆる「有事法」は、独立回復（一九五二年）後、いや一九五四年の自衛隊創設後も日本にはありませんでした。戦後五八年目の二〇〇三年、初めて有事法として旧「武力攻撃事態法」が成立したのです。政府が「武力攻撃事態」を認定し、それへの対処方針を決めるなどの手続きを取り入れたのが、この「武力攻撃事態法」でした。

「重要影響事態法」と同時に成立した「改正武力攻撃事態法」の最大の注目点は、前年（二〇一四年）七月の閣議が条件付きの「集団的自衛権の行使」を認めたことを受けて、旧「武力攻撃事態法」を改めたことです。つまり安倍（晋三）内閣は、集団的自衛権の「行使」を不可とした従来の九条解釈を変更して、集団的自衛権の「行使」を部分的に可能とする「改正武力攻撃事態法」を成立させたというわけです。

自衛権といっても従来憲法九条が認めていたのは、日本防衛のための個別的自衛権です。九条は他国防衛のために武力行使する集団的自衛権については、「自衛のための必要最小限度の範囲」を越えるものとしてこれを禁じる、というのが戦後歴代内閣の見解でした。

具体的にいえば、憲法九条下で容認される自衛権発動としての「武力行使」は、次の三要件が満たされた場合に限られたのです。①わが国に対する急迫不正の侵害があること。②これを排除するために他の適当な手段がないこと。③必要最小限度の実力行使にとどめること、以上です。これら三要件は、一九五四年法制局長官佐藤達夫が参議院外務委員会（四月一六日）で発言したその内容に基づくものであり、以後六〇余年ほぼ一貫して守られてきました。

†「武力行使の新三要件」

しかし、集団的自衛権行使の条件を取り込んでつくられた「改正武力攻撃事態法」は、対日武力攻撃があった場合だけでなく、次の三要件が満たされれば、それ以外でも日本は武力を行使できるとしたものです。

①日本と密接な関係の他国に武力攻撃が発生し、これにより日本の存立が脅かされ、国民の生命、自由及び幸福追求の権利を根底から覆される明白な危険がある（存立危機事態）。

②これを排除し、日本の存立を全うし、国民を守るために他に適当な手段がない。

③必要最小限度の実力行使にとどまる。

一九五四年の前記佐藤法制局長官の発言すなわち「武力行使の三要件」を「旧」とすれば、これは「武力行使の新三要件」ということになります。今後「新三要件」が満たされれば、集団安全保障（理想としてはあらゆる国家が団結して国際組織をつくり、侵略国の武力攻撃に立ち向かう仕組み）、個別的自衛権に加えて、集団的自衛権による海外での武力行使が可能になる、というわけです。

政府は、限定的とはいえ集団的自衛権を行使できるよう、敢えて「武力攻撃事態」の他に「存立危機事態」の概念を新たに加えたということです。

日本が武力攻撃を受けたとき、安保条約第五条によって米軍には日本を助ける義務があります。一方、「日本と密接な関係の他国」すなわち米国に対する「武力攻撃が発生」したとき、従来なら日本は自衛隊を派遣して米国を助けるということはできませんでした。日本は一方的にアメリカに庇護される立場でした。

「新三要件」は、たとえ厳しい制約がついたとはいえ、W・グレッグソン（元国防次官補）がいうように、従来なら日本海航行の米軍艦船が北朝鮮から武力攻撃されても、自衛隊は米軍を防衛できなかったが、この集団的自衛権行使の容認によって日米一体化が一層進むというわけです（朝日新聞、二〇一四年七月二日付）。

ともあれ、政府が憲法解釈を変更して集団的自衛権の行使を正式に認めたうえでの「新三要件」となれば、その政治的・軍事的意義は新しい段階に入ったといえます。なぜなら、外形的には、日本がアメリカとの間に「対等の協力者」関係へと一歩進めたことは間違いないからです。とはいえ、いまこのように日本が「対等の協力者」へと向かったにしても、日本敗戦後堅固に構築されて今日に至る日米非対称システムが、大きく揺らぐことはまずないでしょう。

占領国アメリカの絶対的優位によって始動した日米非対称システムは、いわば〝新参者〟の「集団的自衛権行使」、それも厳しい制約付きの「集団的自衛権行使」を日本が確保したからといって、とくに変動をきたすとは考えられません。むしろ日本の「集団的自衛権行使」は、いや「安保関連法」全体はそれが日本の対米協力体制を前に進めたという意味では、日米非対称システムを強化することはあっても弱めることはないのです。

日米非対称システムが法制度ではなく、あくまで政治システムである限り、つまり強者・弱者間の権力関係のそれである限り、例えば「集団的自衛権行使」についている「条件」も、強者アメリカによって解釈されてしまうという可能性は拭い切れません。

2 尖閣問題と安保条約

†尖閣問題の原点

　これまでみてきたように、占領時代からおよそ半世紀続いた米ソ冷戦時代にあっては、日本の立ち位置とりわけその安全保障政策は、つねに「アメリカの冷戦政策」に従属しながらみずからの生存を模索するというものでした。

　冷戦後もこの歴史の慣性は続きます。広義の日米安保体制ともいうべき日米非対称システムは驚くべき適応力をみせつつ、日本の「対米従属」を〝栄養分〟にしてその生命力を維持してきました。しかも近年、ある出来事をきっかけにして、日本のこの対米従属ないし対米依存がその内実に決して小さくはない深化をもたらしていることは重要です。「ある出来事」とは、いわゆる「尖閣諸島問題」（あるいは「尖閣問題」）です。日本がこの尖閣問題を抱えたことによって日米安全保障関係は大きく変わりました。一体どのように変わったのか。それはなぜなのか。

　このことを説明する前に、「尖閣問題」とはそもそも何なのかを簡単にのべておきます。

日本政府が尖閣諸島（魚釣島、北小島、南小島、久場島他）を領土（沖縄県）に編入したのは、一八九五年です。太平洋戦争敗戦とともに尖閣諸島など南西諸島は、米軍の管理下に入ります（一九四六年一月）。それから二五年後の沖縄返還協定（一九七一年六月締結）に基づいて、七二年五月沖縄の一部である尖閣諸島の施政権も日本に返還されたのです。

そもそも尖閣諸島が国際「係争問題」として浮上したその原点は、この尖閣諸島返還四年前の一九六八年とみてよいでしょう。つまり、同年国連アジア極東経済委員会（ECAFE）が東シナ海の海洋調査を行ない、尖閣諸島を含む同海域の海底に石油・ガスが埋蔵されている可能性を指摘したからです。

このことは、エネルギー資源を渇望する中国・台湾を刺激します。事実七一年には、台湾（六月）に続いて中国（一二月）が尖閣諸島の領有権を正式に表明したのです。尖閣問題が資源絡みの領土問題であることは、それまで日本の尖閣領有について「公式に異議を唱える国はなかった」ことからも分かります（中内康夫「尖閣諸島をめぐる問題と日中関係」『立法と調査』参議院事務局企画調整室、二〇一二年一一月、三三四号）。

日中国交回復の六年後（一九七八年）、鄧小平副総理は、「尖閣問題棚上げ」で日中は一致したと表明しますが、のちに日本政府はこれを否定します。日本政府の立場は次の三点にあります。第一に尖閣諸島が日本固有の領土であるのは、歴史的にも国際法上も自明であること。第二に日本が実際に同諸島を「有効に支配している」こと。したがって第三に尖閣諸島をめぐる領有権問題は存在しないこと、以上です。

†尖閣国有化が変えた日米安保関係

尖閣問題が領有権をめぐる論争から実力行使をも伴う国際紛争へと発展していくのは、一九九〇年代半ばから二〇〇〇年代にかけてです。年を追って中国・香港・台湾それぞれの活動家による尖閣領海内への侵入・上陸という事態が多くなり、それに伴う死亡事故も起きました。二〇一〇年には尖閣周辺領海内で中国漁船が海上保安庁巡視船と衝突事故を起こし、日中関係が一気に緊迫したことは、記憶に新しいところです。

その間中国では反日デモが激化しますが、この日中関係を最悪の事態に追い込んだのが、二〇一二年九月の日本政府による「尖閣国有化」です。日本政府が地権者から魚釣島・北小島・南小島を買い上げたからです。この「尖閣国有化」は、中国国内で更なる反日デモを呼び、日系企業への破壊・略奪等々によって、両国関係は完全に負のスパイラルに落ち込みます。

確かに中国公船による領海侵犯などが目立って増えました。もちろんこれを背後から支えているのが、中国海軍・空軍の各種示威行動です。日本に代わって尖閣を「実効支配」

する機会を中国が狙っているとしても、不思議ではありません。

さて、こうした尖閣問題が日米安全保障関係をどう変えたか、それはなぜなのか、という問いかけに答える必要があるでしょう。

戦後史をざっと振り返っても、日米安保条約の一方の当事国としての日本が、アメリカとは直接関係のない自国固有の国際紛争を抱えたという経験はありません。ただし、この尖閣問題を除けば、です。戦後初めて日本は、あるいは戦争に至るかもしれない「尖閣問題」という名の国際紛争を、それも「領有権」という最も鋭角的な事案をアメリカの問題としてではなく、日本だけの問題として抱えてしまったということです（ちなみに「北方領土問題」も「竹島問題」も日本固有の事案だが、いまのところ戦争ないし武力紛争の危険をはらんだものではない）。

日米安保条約は、冷戦時代も冷戦後もこれまでは主として「アメリカの事情」に従って運用されてきました。ベトナム戦争を含む戦後アメリカの各種戦争、さらには平時の戦争準備においても、日本の役割はほぼ一貫してアメリカへの施設・サービスの提供者でしかありませんでした。ところが尖閣問題では日本が直接の当事国であり、アメリカが日本への「協力国」へと変わりました。安保条約をめぐる主客転倒をこのような形で目にするのは、戦後初めてでしょう。

尖閣諸島の総面積はわずか五・五平方キロメートルです。しかしこの「五・五平方キロメートル」がひとたび「領土問題」になってしまうと、その領土がどんなに小さくても、愚かなことに国家はしばしばそのすべてを賭けて戦争を仕掛けることさえありますし、逆に相手国から仕掛けられて戦争に至ることもあるのです。急速に軍事大国化した中国が突如尖閣に侵攻し、これを「施政下」に置こうとするかもしれません。

もし日中間に和解の道を探る外交努力がないなら、「アメリカの事情」ではなくて、「日本の事情」ゆえに日本が武力紛争に引き込まれる可能性も否定できないのです。

†最悪のシナリオ

現実にあるいは起こるかもしれない「最悪のシナリオ」を考えてみましょう。「最悪のシナリオ」をここで敢えて取り上げるのは、安保条約をめぐる今日の日米関係、とりわけ日本の対米外交が、尖閣問題をめぐるこの「最悪のシナリオ」を想定し、実際にこのシナリオから逆算して行動している側面があるからです。

日本政府がこの「最悪のシナリオ」を未然に防ぐために、アメリカから最大限の支援を期待するのは当然でしょう。つまり「尖閣」をめぐる「最悪のシナリオ」を考えるとき、これまで何かと米国の要請に応えて協力してきた日本が、今度は米国に協力を要請する、いや米国に一層依存を高めるという結果になりはしないか、ということです。「最悪のシナリオ」を想定して日本は普段から米国側に対して必要以上に忖度し、より一層弱い立場に立たされてしまうでしょう。つまり尖閣問題が日米非対称システムを米国側に有利な形で強化していくのは、当然の成り行きです。

もちろん「最悪のシナリオ」は、いくつか想定されます。そのうちの一つ、例えば中国が尖閣に武力侵攻し「実効支配」へと向かうとき、(まずは自衛隊が行動を起こすのは当然ですが)米軍が安保条約第五条を日本の期待通りには実行しない、というケースです。すなわち安保条約第五条が十分に機能することなく、つまるところ尖閣が中国の「施政下」に入るという事態です。いったん中国の「施政下」に置かれた領土を日本が独力で(いや米軍の力を借りたとしても)取り戻すことは、軍事・外交における日中間の力関係を斟酌《しんしゃく》すれば、それが至難の業《わざ》であることは間違いありません。

いずれにしても、尖閣諸島への中国の武力侵害が発生した場合、少なくとも条文上は直ちに第五条が発動されます。つまり「五条事態」が生じたと日米が判断すれば、米軍は「(日米)共通の危険に対処」するため尖閣防衛に向けて行動を起こすはずです。

しかし、本来条約は多分に政治的なものです。条約自体が主権国家間の政治的産物だからです。条約の誕生が政治化されていればいるほど、条約の運用もまた政治化されていきます。いわんや条約の内実が国益の核心部分に近くなればなるほど、つまり日米安保条約のように国家の「安全」という死活的利益にかかわる条約であればなおのこと、日米とも条約条文の解釈範囲を、みずからの国益に合致するよう狭めたり広げたりするでしょう。安保条約の場合、たまたまその運用に力を発揮するのが、アメリカ優位の日米非対称システムであるというにすぎません。

†「尖閣」をめぐるアメリカの迷い

アメリカが「尖閣」の扱いについてその基本政策を固めたのは、沖縄返還の前年（一九七一年）です（朝日新聞、二〇一五年一一月六日付）。つまり尖閣諸島が日本の施政下にあることは認めるが、尖閣の領有権がどの国にあるかについては、アメリカは「特定の立場」をとらないというものです。アメリカのこの「基本政策」は、同国が安保条約第五条を念頭に置きつつ注意深く「尖閣」に向き合っていることを意味しています。

これまで何度ものべてきたように第五条は、米軍の防衛対象を「日本国の施政下にある領域」（傍点は原）としています。日本の「領有下にある領域」（同上）とは書かれていないのです。「領有権」をもたなくても「施政下」にある領域であれば、つまり日本の「管理下」にある領域であれば、米軍はこれを防衛する義務をもつというわけです。

しかしアメリカは尖閣「領有権」については、いま言及したように、「特定の立場」をとらないとしています。ということは、日本が尖閣の「施政権」を失ってしまえば、アメリカは少なくとも条約上はこれを防衛する義務がないということになるのです。裏を返せば、中国にとって当面の目標は、同諸島をともかく実効支配して「施政権」を奪取すること、そしてこれによって米軍の行動を抑えることにあるといえましょう。もちろん、こうした「最悪のシナリオ」にならないよう日米が共同して軍事行動をとるべしというのが、第五条の命ずるところです。

米ソ冷戦時代であれば、日本の危機はすなわちアメリカの危機でした。対ソ「防壁」であり対ソ「前進基地」でもあった日本列島は、前出（第三章）の通り、アメリカ側からすれば、仮にその日本と無条約状態であっても、いや日本からの要請がなくても、その日本はアメリカが守るべき最重要国の一つだったのです。冷戦時代の「日本」はそれ自体、ソ連と闘うアメリカの死活的国益であったからです。

しかし冷戦が終わった今日、仮に中国軍（民兵・漁民が含まれているかもしれない）が尖閣に上陸しようとしても、あるいは実際に上陸しても、アメリカはそれがすなわちみずからの危機に直結するとは考えないかもしれません。したがって日本側には、一抹の不安がつきまといます。つまり、米軍は安保条約第五条に従って自衛隊と一体化しつつ無条件に中国軍を撃退すべしという強い意思をもつことができるだろうか、ということです。

あたかも日本側のこうした不安を証明するかのように、アメリカが「尖閣」と安保条約との関係についてその方針を公然と表明するまでには、上記「基本政策」（一九七一年）をまとめて以後かなりの時間がかかりました。米政府内には安保条約運用に関して意見の確執があったからです。みずからの国益に照らして第五条を「尖閣」との関係でどう解釈するか、これをめぐる対立です。冷戦が終わった九〇年代に入りますと、時折この対立が表面に出ることさえあったのです。

例えば九六年、W・モンデール駐日大使が尖閣防衛に関連して、「日米安保条約によって米軍が介入を強制されるわけではない」と発言した旨の報道が流れます（同紙、同日付）。翌月の記者会見で国務省報道官は「仮定の質問には答えられない」として、尖閣領有権についてはもちろんのこと、日本の「施政下にある」同諸島へのアメリカの防衛義務をも曖昧にしているのです。

後に国防総省は、尖閣諸島が安保条約第五条の適用対象になる、という方針を確認します。これに対して「政府内で抵抗があった」ことを示唆したのが、国防次官補代理K・キャンベルでした（同紙、同日付）。アメリカ側の迷いが、透けてみえます。

†アメリカの「尖閣防衛」約束

しかし二一世紀に入りますと、米国政府の態度は、日本側に沿う形で次第に明確になっていきます。二〇一〇年九月には国務長官クリントン（ヒラリー）が、尖閣諸島については「安保条約は明らかに適用される」として、同諸島が第五条の適用下にあることを明言します（毎日新聞、二〇一〇年九月二四日付）。

以後L・パネッタ国防長官（二〇一二年九月）、C・ヘーゲル国防長官（二〇一三年四月）、そしてついに米大統領としては初めてバラク・オバマ（二〇一四年四月）が、「尖閣諸島は安保条約第五条の適用対象になる」とのべて、尖閣防衛義務を公式に認めるに至るのです。

その後も折に触れて米政府閣僚や関係当局が同様の発言をしています。なかでもオバマの後継大統領トランプの発言は、それが米国最高指導者の言質であるだけに、オバマ発言と同様に重いものでした。トランプは二〇一七年二月の日米首脳会談後の記者会見で、尖閣に関連して「われわれは日本とその施政下にある全領域の安全保障を約束する」と闡明《せんめい》したのです（https://www.cnn.co.jp/world/35096437.html, 二〇一八年三月一九日ダウンロード）。

さてこうしたアメリカの「尖閣防衛」約束を、日本が歓迎しないはずはありません。いやそれどころか、アメリカによるこれらの「約束」が日本側を勇気づけると同時に、中国側を抑止する効果をもったことは間違いありません。

「尖閣」をめぐって米国の対中抑止力を疑う人はほとんどいないでしょう。それは、軍事力における米中両国間の格差と関連します。アメリカは冷戦時代ソ連との全面核戦争を何よりも恐れていました。しかし少なくとも今日、核・ミサイルを含めて中国がアメリカと対等の戦力をもっているとはいえません。

したがって日本（尖閣諸島）への中国の武力攻撃は、それが東・南シナ海や極東でのアメリカ権益に重大な影響を及ぼすとはいえ、直ちにアメリカの領土とりわけアメリカ本土の全面危機を意味するとはいえません。アメリカの戦略的「余裕」が少しでも生まれれば、そこに同国の政治的選択の余地もまた生まれるのは、自然なことです。

しかし注目すべきは、アメリカのこの戦略的「余裕」が何を意味するか、という問題です。日米軍が中国武力侵攻に遭遇して万全の防御態勢を固めてしまえば別ですが、もしそうでなければ、このアメリカの戦略的「余裕」が、実は日本にとって〝痛し痒し〟の微妙な状況を生みかねない、ということです。

†「米中取引」と日米非対称システム

その「戦略的余裕」とは、アメリカが対中戦争という軍事的リスクを避けて外交工作

（例えば国連安保理への提訴など）に当たる時間的「余裕」をつくることができるということです。日米が安保条約第五条によって軍事的行動を起こす前に、アメリカが何らかの外交的な動きを起こすとなれば、その間隙《かんげき》を縫って中国が尖閣施政権を何らかの方法で既成事実化してしまうということは、十分ありうることです。

そこへもってきて、「日中対決」ないし「米中対決」にはイデオロギー的要素が比較的少ないということが重要です。冷戦時代なら米ソ対決は覇権のための闘いであるとともにイデオロギーの闘いでした。資本主義と共産主義のイデオロギー闘争は、いってみれば、人間の生き方をめぐる哲学の問題であり生活様式の問題でもあっただけに、相互に妥協を許さぬ深刻なものでした。

しかし中国の共産主義は「経済国家主義」といわれつつも、いまや市場経済を進めグローバリズムにみずからを組み込もうとしています。アメリカにしてみれば、中国はイデオロギーではなく「実利」ないし「国益」を〝物差し〟にして交渉できる相手であるといえます。

つまり互いに国益をギブ・アンド・テイクできる相手でもあるというわけです。中国がひとたび尖閣上陸（施政権確保）を果たした場合でも、アメリカは「米ソ冷戦」とは違って、中国と政治的に取引できると判断すれば、たとえ「第五条」があっても、あるいは日本の頭越しに（場合によっては日本に誘いをかけて）中国との談合へともっていくかもしれません。つまり安保条約を越える日米非対称システムが静かにそして着実に作動している姿がみえてきます。

もちろんアメリカは、安保条約第五条にあくまで従う姿勢は崩さないでしょう。なぜならアメリカが第五条の「約束」を反故《ほご》にしたとなれば、日米安保条約そのものが崩壊し、ひいてはアメリカが今日結んでいる他の同盟関係にも重大な亀裂が生じるからです。

ですから、中国軍が尖閣に上陸しようとした場合、あるいは上陸して実効支配に及んだ場合、米軍が第五条に従って自衛隊とともに行動し、中国軍をできる限り迅速に排除すべきは当然です。しかし例えば、「排除」のために日米軍が尖閣上陸の中国軍から猛反撃を受けて膠着状態に陥ったとき、それでも日本の期待通りアメリカは徹底抗戦して大きな犠牲を払うのか、それとも中国軍上陸のまま政治的解決にもっていくかの分岐点にあるいは遭遇するかもしれません。

「政治的解決」は時間を必要とし、時間は中国軍の尖閣上陸を既成事実化し、そのことが中国の施政権を事実上確定してしまうかもしれません。日本にとって「最悪のシナリオ」の一つは、まさにこのことを指します。冷戦後、とりわけ二一世紀に入って日本がことさら注意を払うのは、この種の「最悪のシナリオ」に遭遇しないための「対米配慮」、いや、

「最悪のシナリオ」そのものから逆算した「対米従属」の深化なのです。

これまでのべてきたように、アメリカはみずからの「事情」に直接関係のない尖閣問題には注意深く距離を置いています。ボストン大学のT・バーガーがいうように、「冷戦時代は日本が米国の戦争に巻き込まれると心配していたが、いまは米国が、日本によって戦争に巻き込まれる心配をしている」（朝日新聞、二〇一五年一一月六日付）のです。

尖閣に対する中国の武力侵攻があったとき、アメリカから無条件の「協力」を得るため、日本はアメリカの安全保障政策とりわけアジア太平洋戦略への「協力」をこれまで以上にアピールする必要に迫られているといえます。安保条約の広域化および日米一体化に向けて、アメリカの期待に応えるべく日本が憲法解釈を変えてまで「集団的自衛権行使」（条件付き）を可能にし、なおかつ「安保関連法」を成立させた背景には、以上のような理由がなかったとはいえません。戦後連綿として続く日米非対称システムは、この「尖閣問題」という事情に押されて、皮肉にも日本がこれを強化する側に回ったといってもよいでしょう。

†「米中冷戦」の兆候

このように「尖閣問題」の発生もあって、日本の対米外交に少なからず変化があったことは事実です。最も重要なことは、「最悪のシナリオ」を回避するための日本外交の力量の問題です。中国が南シナ海への侵攻と同じ戦略的文脈のなかで「尖閣」を捉えていることはほぼ確実としても、日本が中国による尖閣への軍事的アプローチそのものを抑止するために外交的主導力を発揮すべきは当然です。

しかし相手は百戦錬磨の外交大国中国です。戦後外交といえば、対米外交、それも対米依存の外交に注力してきた日本が、この中国を相手に領土問題という最も困難な争点をどう解決にもっていくか、難題中の難題といえましょう。

戦後日本はアメリカからの「再軍備」要求をはじめ、折に触れて「防衛力強化」を求められてきました。時には憲法（第九条）改正を期待され、アメリカの極東・世界戦略への積極的な参画を迫られました。しかし日本の戦後防衛政策は、アメリカからすれば「消極的」であり、概してその期待を裏切るものでした。安全保障政策における日本のこうした慎重な態度は、冷戦終了後とりわけ「尖閣問題」を一つのきっかけにして変化しつつあることは確かです。むしろアメリカ側が驚くほど同国の政策に、日本は進んで応じているようにさえみえます。

もちろん、国家と国家の関係はダイナミックに動いています。これまでの叙述から理解できるように、「尖閣」は日米関係以前に米中関係の絵模様次第でその姿が変わっていくかもしれません。

その米中関係ですが、例えば南シナ海諸島における中国の領有権拡大に対して、近年米国が軍事的対抗の兆しをみせていることは、重要な意味をもっています。米ソ冷戦に代わって「米中冷戦」がもし本格化するなら、「尖閣」をめぐる日米関係の形も変化していくに違いありません。

いや「米中冷戦」は、事実上始まっているという見方もできます。両国が国益をめぐってギブ・アンド・テイクできる関係であると先ほどのべたばかりですが、しかし米中は、近い将来実益追求の関係をよそに、文字通り覇権闘争の相貌を露わにしていく可能性があります。

その兆候の一つは、ロシアとともに中国が急速にミサイル兵器の技術革新を進めていることです。巡航ミサイルや弾道ミサイルに加えて、マッハ五（音速の五倍）を超えて飛行するハイパーソニック（極超音速）兵器の開発は、それがアメリカ本土への瞬時の攻撃を実感させるだけに、アメリカの安全保障そのものを脅かしつつあるのは間違いありません[Office of the Secretary of Defense（2019）, *2019 Missile Defense Review*]。

中国はこれをいまのところ実戦配備するに至ってはいませんが、仮にこの極超音速兵器の実戦配備が現実のものになれば、そのこと自体が両国間の緊張を常態化させることは間違いありません。そうなれば、米国は戦略的に、また資金・技術開発のうえでも日本をこれまで以上に必要とするでしょうし、それにつれて「尖閣問題」にかかわる日米関係を含めて日米非対称システムそのもののありようもまた、変わっていくに違いありません。

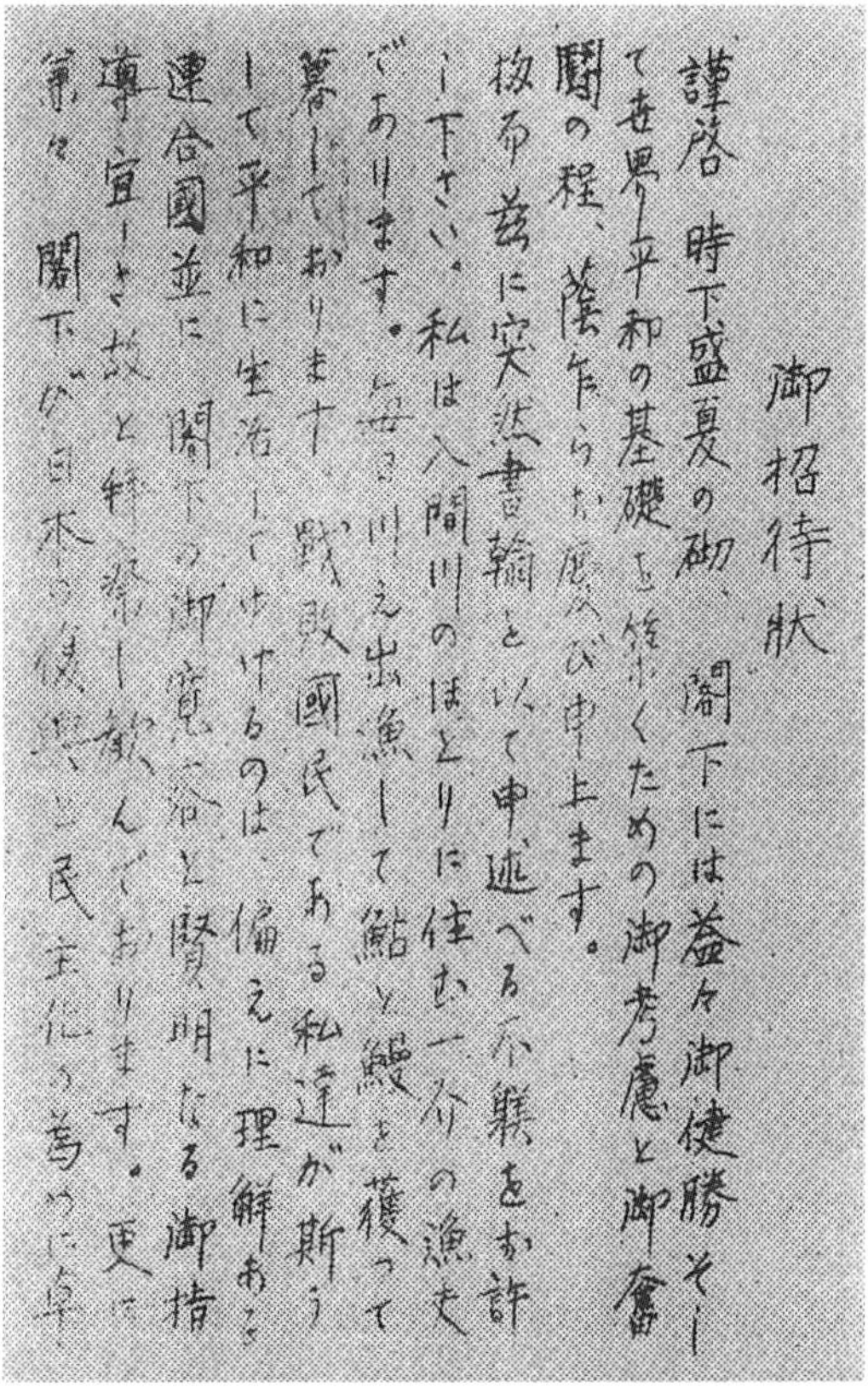
御招待状
謹啓　時下盛夏の砌、閣下には益々御健勝そし
て世界平和の基礎を築くための御考慮と御奮
闘の程、蔭作らお慶び申上ます。
扨而茲に突然書簡を以て申述べる不躾をお許
し下さい。私は入間川のほとりに住む一介の漁夫
であります。毎日川へ出漁して鮎と鰻を獲って
暮しております。戦敗国民である私達が斯う
して平和に生活していけるのは、偏えに理解ある
連合國並に　閣下の御寛容と賢明なる御指
導宜しき故と拝察し欽んでおります。更に
我々　閣下が日本の復興と民主化の為めに卓

第五章
安全保障政策と外交力

占領下の日本国民からのマッカーサーへの手紙。復興と民主化のお礼に入間川の鮎を食べにきてほしいという招待状（袖井林二郎『拝啓マッカーサー元帥様』大月書店より）

1 「保護国」といわれて

†「構造障壁イニシアティブ」によるアメリカの逆襲

戦後日本は、一九五二年の対日平和条約発効によって確かに「独立国家」としての体裁を整えました。しかし、その内実が相変わらず基本的には「対米依存」・「対米従属」の特徴を色濃くもち続けたことは、一つの歴史的事実です。戦後七五年続いてなお続くであろうこの日米非対称システムは、日米安保条約のみならず、そこに程度の差はあれ、さまざまな分野での諸関係を取り込みつつ構造化されていきました。

もちろん日米関係には、日本が優位に立つ分野、日本がアメリカに脅威を与える分野はこれまでにありましたし、現在もあります。しかし日本の対米優位は、それがアメリカ国益の核心部分に触れれば触れるほどそのアメリカの反撃に遭うことは必定です。過去の事例を一つ挙げましょう。

日米関係のある分野における、日本の対米優位が結局のところ、日米非対称システムという名の最上位システムに包摂され、かくていつの間にかアメリカの「対日優位」という

〝日常〟に引き戻されることは少なくないのです。

一九八〇年代、日本は世界第二位の経済力を誇っていて、なおかつ第一位のアメリカを凌駕《りょうが》するかのような勢いでした。一人当たりのGDP（国内総生産）ではアメリカを上回り、「ジャパン・アズ・ナンバー・ワン」ともてはやされたものです。日本企業がアメリカの不動産を買い漁り、ついにアメリカ資本主義のシンボルともいうべきロックフェラー・センター（ニューヨーク）をも買収したのです。

日本の「アメリカ買い」はアメリカ国民のプライドを傷つけ、対日不満を高めます。少なくとも米国民の意識としては、戦後一貫して米国が敗戦国日本の面倒をみてきたのに、気がつけばその米国の利益を食い荒らしているというわけです。六〇年代から八〇年代を通じて、米国の大幅赤字による恒常的な貿易不均衡と、それゆえの日米貿易摩擦もまた極めて深刻なものでした。

さて、貿易不均衡にかかわるアメリカの対日政策は、米ソ冷戦が終わる頃、すなわち八〇年代後半から九〇年代にかけて変わります。アメリカは日本製品の個別的な輸入制限に関心をもつことから転じて、今度は日本社会の構造そのものを貿易不均衡の元凶とみるようになったのです。

だからこそ日本の構造改革が必要だというのが、アメリカ側の主張でした。経済だけでなく政治・社会・文化を含めた日本の国としてのあり方にまで逆襲のメスを入れようとアメリカは決めたのです。これが内政干渉であることは、明らかです。「ジャパン・バッシング」とか「外圧」という言葉が聞かれない日はないほどでした。

日本の社会そのものを構造的に変える、しかもアメリカ主導で変えるというのですから、アメリカ側からすれば、これは「構造協議」ではありません。日本側が呼称する「構造協議」なるものは、アメリカでは"Structural Impediments Initiative" つまり「構造障壁イニシアティブ」と呼ばれるものでした。

問題は、アメリカ側がみずからの用語「構造障壁イニシアティブ」に込めたその政治的意思です。アメリカの国益に損傷を与える日本社会の構造的仕組みを日米間の「協議」によってではなく、文字通りアメリカの主導力によって変革するのだという決意がこの名称に表われています。つまり日米非対称システムがすでに稼働している姿がここにあるといわなければなりません。

†「年次改革要望書」による日本改造

このアメリカの「イニシアティブ」が始まったのは、一九八九年九月です。アメリカが日本側に改善要求した諸項目は具体的かつ精緻で、量的には二〇〇項目をはるかに超える膨大なものでした。そのなかには貯蓄と投資の不均衡、土地利用政策、流通制度、企業の系列化、排他的取引慣行等をアジェンダとすることが含まれています。

このことは、あのマッカーサー占領軍の「戦後改革」を彷彿《ほうふつ》とさせる急進的な「日本改造」を意味するものでした。しかもアメリカの対日政策は、九〇年代が進むにつれてさらにその形を変えつつ激しさを増していきます。日米がそれぞれ相手側に「問題解決」を求める「年次改革要望書」（正式名称は「日米規制改革及び競争政策イニシアティブに基づく要望書」）はその典型です。

同「要望書」の日米交換については、九三年の日米首脳会談（宮澤喜一首相とクリントン大統領）で合意され、翌九四年から実施されました［この「要望書」は二〇〇八年まで続いたが、その後「日米経済調和対話」（二〇一一年）へと衣替えした］。アメリカから出されるこの年次ごとの「要望書」は、日本に対する「第二の占領」といわれても仕方がないほど熾烈なものでした。

例えば、米国から日本に提示された最初の「年次改革要望書」（一九九四年）は、三二ページにわたる英文書から成るものであり、ざっと次のような改革要望事項を盛り込んでいます。すなわち個別産業分野では、農業、自動車、建築材料、流通、エネルギー、金融、投資、弁護士業、医薬・医療、情報通信などです。また分野横断的なテーマとしては、規制緩和や行政改革、審議会行政、情報公開、独占禁止法と公正取引委員会、入札制度や業界慣行などが挙げられています（関岡英之『拒否できない日本』文春新書、二〇〇四年）。アメリカの「年次改革要望書」が、いかに日本社会の構造に切り込んだかが分かります。

確かにアメリカの「要望書」は、単なる画餅《がべい》ではなかったのです。あくまで日本側にその実行を迫るものでした。アメリカから出された多くの要求項目は、日本の各省庁担当機関に振り分けられ、必要なら審議会等にかけられ国会で新しく法制化されていくのです。しかもアメリカでは、日本に対する通商代表部の「要望書」がどれほど実現されたかを、代表部みずから毎年連邦議会に報告し、議会はこれを厳しくチェックするという仕組みです（同前書）。かくてその「成果」として、例えば、アメリカにとって好都合な商法改正（社外取締役制の導入など）、司法制度改革（法科大学院新設など）をはじめとして「アメリカ型」社会システムが次々と日本で実現されるのです。

一方、日本からの「要望書」は全くといってよいほど無視されました。アメリカの「要望書」が、事実上「命令書」として日本側に届けられるのとは対照的に、日本側からの「要望書」は、米国「命令書」との単なる兼ね合いで出されただけです。

こうして一九九四年から始まった「年次改革要望書」という名のアメリカの「日本改造」計画は、日米非対称システムが単に日米安全保障関係を包み込んでいるだけでなく、日米関係の多くの側面を米国の「国益」に沿って動かしていくサマを改めてみせつけたというわけです。

それにしても、アメリカの主導力は圧倒的です。しかし一方の日本が、このアメリカの主導力に抗して自己主張していくその行動力において脆弱であったことは否定できません。アメリカの対日外交が、明確な目的とりわけ日本の社会構造そのものにメスを入れるという公然たる内政干渉に一歩踏み込むや、その行動力は熱量を増し、その戦略は巧妙にして怜悧でした。

†日米安保の片務性と「保護国日本」

第二章で少し触れましたが、カーター大統領の国家安全保障問題担当大統領補佐官（一九七七〜八一）であったブレジンスキーは、九〇年代後半、こうした日米関係を評して「日本はアメリカの保護国だ」と繰り返しのべています。

ブレジンスキーはこういいます。すなわち、日本はアメリカから「安全保障の傘」を提供されたお陰で経済発展したが、「反面、まさにその傘の存在によって、日本は行動の自由を制限され、世界の大国になりうる力をもちながら、アメリカの保護国でもあるという矛盾した状況が生まれている。日本が国際舞台で主導的地位を獲得する際に、アメリカがこれからも不可欠の同盟国であることに変わりはない。しかし、同時に、日本が安全保障面で自立できない最大の理由にもなっている」［Z・ブレジンスキー（山岡洋一訳）『ブレジンスキーの世界はこう動く』日本経済新聞社、一九九八年］。

日本が国家国民の死活的価値である安全保障をアメリカと「相互依存」の関係に置くのではなくて、アメリカに「一方的依存」をするとなれば（これは直接的には安保条約第五条に起因する）、その「一方的依存」が日米間の現実をより広く覆い尽くすであろうことはいうまでもありません。国家間の安全保障関係のあり方が他分野の日米関係（政治外交、経済、文化等々）全体のあり方を大きく、時には決定的に規定していくからです。

しかもアメリカにとって「保護国日本」は、決して悪い〝状況〟ではありません。ブレジンスキーは、日本が「保護国」であり続けることを期待してこうのべます。アメリカは韓国に米軍基地をもっているため、「日本国内にそれほど露骨に軍事力を維持しなくても日本を保護でき、したがって、日本が独立した軍事大国になるのを防ぐことができている」（同前書）。

ポスト冷戦時代に入って間もない時期（一九九七年）、船橋洋一は、「保護国日本」へのブレジンスキーの「期待」が決して特異なものでないことを次のような形で説明しています。「米国では同盟とは独立の国同士が『相互にいざというときに助け合う仲』である。しかし、日米同盟では米国は日本に対する防衛義務を負うが、日本は米国を防衛する義務を負わないいわば片務的な関係にある。このことに対する不満、批判は引き続きこもっている。恐らくそれは最後まで残るジレンマであるに違いない。にもかかわらず、ジェームズ・アワー元国防総省日本部長が指摘するように『米国人自身、（日本の）独立を重んじながら、日本に対等の存在になってほしいとは思っていないだろう』」（船橋洋一『同盟漂流』岩波書店、一九九七年、括弧は原）。

独立国同士が「相互にいざというときに助け合う仲」を同盟というなら、確かに安保条約は同盟条約とはいえません。憲法九条の制約を受けた一九六〇年締結の新安保条約第五条が、決定的にそれを証明しているからです。これまでのべてきたように（第三章）、同条約第五条は日米を「助け合う仲」にはしていないのです。米国は日本を丸ごと守らなければならないのに、一方日本には広大な米国本土の防衛とはいかないまでも、西太平洋のグアムやサイパンをさえ防衛する義務はありません。

つまり米国は兵士の命を犠牲にしても日本を守るが、「守られる」日本には米国を守る義務はない。いい換えれば、米国は日本全域を守るために集団的自衛権を行使するが、日本は集団的自衛権を行使して米国の一部だけでも守るという義務からさえ解放されているのです。最近当たり前のように呼称される「日米同盟」なるものは、あるいはこうした日米安全保障関係の「片務性」という本質的部分を意図的に、あるいは無意識のうちに隠蔽《いんぺい》しているのかもしれません。

ただ米国にとっては、たとえこのように安保条約第五条が自国の一方的な負担にはなっても、ほかならぬこの第五条が「日米対等」を阻み「対日支配」を可能にするなら、すなわちブレジンスキーのいう「保護国日本」の継続を可能にするなら、それは米国の国益に十分適うというわけです。

†後藤田「この国は半保護国」

「日本は保護国」というブレジンスキーの発言は、当時日本人に衝撃を与えました。しかしこの日本人のいまさらながらの「衝撃」こそ、安全保障に対する日本人の鈍感さないし甘えを裏側から証明しているようにも思えます。国際政治の冷厳な現実からすれば、「保護国日本」に驚くことはないのです。

ブレジンスキーがいいたいのは、先の大戦終焉から半世紀を経てもなお近隣諸国の「反日」から解放されない日本、その日本が仮に民族主義的な「自立」を目指して核武装にでも向かうとなれば、それこそアメリカのアジア太平洋戦略は計り知れないダメージを強いられる、ということです。ブレジンスキーからすれば、アメリカが日本を「保護国」にしておくのは、日本の「自立」、それもいわば翼化（右翼化・左翼化）された国家主義的「自立」という名の〝暴走〟を抑止するためでもあるのです。

ちなみにブレジンスキーが米政府内で果たした役割（大統領補佐官）と同類の役割を日本政府内で務めた政治家が、奇しくもそのブレジンスキーと同様の言を吐いているのは、興味深いことです。中曽根（康弘）内閣の官房長官（一九八二〜八三年、八五〜八七年）であった後藤田正晴です。

彼は回想録のなかでこうのべます。「東京の青山墓地の向かい側に大きな米軍基地がある（港区六本木にある米軍基地のこと。面積は三万余平方メートル。ヘリポート・ガレージ、将校宿泊施設等があるほか、陸海空軍による情報収集のアジア拠点にもなっている）。どうして安保条約で（米軍基地を）あそこに置けるのか。置けるわけがない。あるいはまた、首都東京のすぐ入り口に、世界有数の外国の海軍基地（横須賀海軍施設）を置いておる国なんて、世界のどこにあるんだ。つまりこの国は半保護国」（政策研究院政策情報プロジェクト監修『情と理——後藤田正晴回顧録〈下〉』講談社、一九九八年、括弧は原）。

長年国家権力の中枢にあった後藤田が、日本を「半保護国」と断じているのです。「保護国」に「半」がつくかつかぬかは、この際レトリックの問題かもしれません。要するに「保護国」であることに変わりはないのです。もちろん「保護国日本」を悪い〝状況〟とは思わないアメリカ側とは違って、後藤田は「半保護国日本」に憤っているのです。

いずれにしても、日本をアメリカの「保護国」だとする一点で、米日それぞれの要路にあってしかもトップリーダーの最側近であったブレジンスキーと後藤田が、一致してこれを認めているという事実には重いものがあります。なぜなら、「保護国日本」が日米非対称システムのなかの日本の姿と完全に重なっているからです。

2 弱者の「理由」

†吉田の「敗けっ振り」

一般に支配者ないし強者の存在は、被支配者ないし弱者の側がもつ何らかの「理由」にどこかで支えられているものです。支配者・強者は、彼らが「強い」だけでは支配者・強者であり続けることはできません。

いわんや日米非対称システムのように、半世紀いやそれを越えて七〇有余年、長期にわたって米日が優劣・上下の関係を続けるには、その優位者がもつべき一定の条件とともに、弱者がもつこれまた一定の「理由」がなければならないはずです。弱者は意図するとしないとにかかわらず、（無抵抗・無関心を含めて）強者に何らかの形で「協力」をすることが、結果として強者の支配的立場を維持・強化しているというのは、よくあることです。

ヒトラーはヒトラーの強権のみで独裁者になったのではありません。ヒトラーをヒトラーたらしめた「理由」の一半は、ドイツ国民にあったといえます。ドイツ国民の大部分は程度の差はあれ、どこかでヒトラーの行状を支持ないし黙認していたのです。

六年八カ月の占領時代が終わったとき、日米非対称システムがすでにその内実（第一章でのべた「三つの基層」）をほぼ完全に備えていたというのは、これまで幾度ものべてきたことです。この占領時代の大半を首相として活動していた吉田茂が米国側と対峙するその基本的態度は、「敗けっ振りをよくする」というものでした。

吉田は敗戦後幣原（喜重郎）内閣の外相に就いて間もなく元首相鈴木貫太郎を訪ねますが、そのとき鈴木は吉田にこう忠告します。「戦争というものは、勝った後の始末が大切だが、敗けた時は敗けっ振りがよくないといけない」（吉田茂『大磯随想』中公文庫、一九九一年）。吉田はどうやら、この鈴木の教えに共感したようです。

しかしこの「敗けっ振りをよくする」という被占領者の姿勢は、ともすると敗者の「追従性」と紙一重のところがあります。少なくともアメリカにとって、この「敗けっ振り」が日本人の「従順さ」ないし「自立心の弱さ」に映ったことは十分ありえます。結果として吉田の「敗けっ振り」は、その意図とは違った現実をつくり、日本の「対米追随」を定着させる一因ともなるのです。

確かに吉田の「敗けっ振り」は、占領者に対する政治戦略の一つであって彼個人の独立心と矛盾するものではなかったかもしれません。吉田の側近であった白洲次郎は、こう回想します。「ぼくの知る限り、内閣の閣僚で、毛唐に平気でものをいって一歩も退かなかったのは、吉田さんをのぞいては石橋湛山(第一次吉田内閣で大蔵大臣を務め、後に首相)一人である」(白洲次郎「『占領秘話』を知り過ぎた男の回想」『週刊新潮』一九七五年八月二一日号、括弧は原)。

これは、石橋湛山とともに「独立自尊」の吉田の真骨頂をうかがわせる、白洲独特の表現ではあります。その吉田にして、被占領時代に習い性となった「敗けっ振り」は、安保条約成立過程のなかによく現われています。これまでみてきたように、「独立」を約束された日本が米国と対等の立場で結ぶべき防衛条約の交渉でありながら、その条約最終案は、結局のところ米国側の主張通り、単なる「駐軍協定」に終わりました。

つまり「在日基地自由使用」という占領既得権をアメリカが再確認するための取り決め、それが独立国日本とアメリカの間で結ばれた旧安保条約だったのです。同条約の内容が条約調印式の二時間前まで国民には公表されず秘密扱いになっていたことは、もちろん「共産圏対策」のためではありました（ソ連・中国などが安保条約の内容を事前に知って反米闘争に利用することを、とくに日米は恐れた）。しかし同時にこの「秘密扱い」は、同条約の「日米不平等」を調印前に国民が知れば政治的混乱が起きるだろうことを政権側が警戒していたからでもあります。

†書き換えさせられた「対日平和条約」受諾演説

それにしても、「独立回復」にあたって戦後日本外交の限界ないし特質はすでに露呈していた、といえるでしょう。そのことは、吉田の「対日平和条約」受諾演説の起草過程をみれば明らかです。敗戦国日本の「独立回復」宣言ともいうべき「受諾演説」の起稿にあたって、戦勝国アメリカの公然たる容喙《ようかい》を日本側が従順にも受け入れたことは、独立国日本の「これから」をいわば象徴的に暗示するものでした。

吉田が東京からもってきた「受諾演説」の原案は、最終的にはほぼ新しいものに変わっていました。もっとも、首席随行員の西村熊雄によれば（西村熊雄「平和条約の締結に関する調書Ⅶ　昭和二六年九月サン・フランシスコ平和会議」）、この原案について吉田は、自分たちが講和会議開催地のサンフランシスコに着いてから、「会議の空気をみたうえさらに考えなおす」つもりでした。事実、原案は日本側で数回にわたって書き改められ、さらに米国側の介在もあって全面変更されます。半年前まで安保条約の案文作成で吉田と渡り合ったダレスやシーボルトが平和条約「受諾演説」の原案変更を求めるその姿は、とくに強い印象を私たちに与えるものです。

ワシントンからサンフランシスコに到着したダレスは、早速日本側の原稿を取り寄せてみずから加筆修正のペンを執ります。しかもダレスの修正文を取り込んで日本側が清書しているまさにそのとき、今度はGHQ政治顧問シーボルトの文案が届けられます。

シーボルトは最初から日本の「受諾演説」原案に強い不満をもっていました。彼の「同僚の数人」が「草稿の原文に大急ぎで手を入れた」のは、そのためです（シーボルト、前掲書）。もちろん、講和会議壇上から吉田が読むはずのものは、英語で書き下ろされたこの「最終原稿」でした。

ところが演説の直前になって、シーボルトと国務長官ディーン・アチソンが、この英語の最終原稿を日本語に書き換えることを要求したのです。吉田の英語の発音に不安があるというのです。驚くのは、日本側スタッフが時間の切迫するなか、このアメリカの要求にさしたる抵抗もせず、早速巻紙や筆墨を求めて街（チャイナタウン）に繰り出したことです。

ようやく手に入れた巻紙に多くの人が分担してあたふたと和文を認《したた》め、それをつなぎ合わせたというのですから、「楷書あり、行書あり、草書あり」（福永健司「葉巻を断った吉田さん」、吉田茂『回想十年　第三巻』新潮社、一九五七年）となったのも、無理はありません。「独立」を目の前にした日本外交の「無垢《むく》」といいますか、その「追従性」もまた徹底したものです。

†「吉田書簡」にみる日本外交の脆弱性

日本外交の「追従性」といえば、いわゆる「吉田書簡」（一九五一年一二月）にかかわる吉田・ダレス間のやりとりもまた、日本外交の「追従性」を象徴的に示すものです。「日本独立」後も日米非対称システムが微動だにせず長命を保つであろうことを、この「吉田書簡」は予感させるものでした。

事の顚末《てんまつ》はこうです。講和・安保両条約の調印を終えたアメリカにとって、新しい難題が控えていました。「中国代表権」問題です。サンフランシスコ講和会議に「中国」を代表して出席すべきは、大陸の中国共産党（中共）政府なのか、それとも台湾の国民政府なのか。アメリカが「共産中国」を排して国民政府の「代表権」を支持したのに対して、ソ連はもちろんのこと、西側陣営のイギリスも中共政府の「代表権」を主張します。結局のところ大陸・台湾両政府とも、サンフランシスコには招請しないことになったのです。

問題は尾を引きます。米政府が恐れたのは、日本が対中国貿易の魅力に惹かれて「中共政府承認」に走るのではないか、ということでした。対日不信を抱くダレスは、講和会議の三カ月後（一九五一年一二月）、吉田との会談のため訪日します。ダレスは、吉田にこう伝えます。すなわち、対日平和条約の「批准」審議をする上院には国民政府支持者が多いので、同条約批准のためには日本の「国民政府承認」が必須であるというのです。

ダレスは、日本が上院から平和条約「批准」を得たいなら、「国民政府承認」を迷うことなく選ぶべし、と吉田に迫ったわけです。しかもダレスは吉田の「国民政府承認」への同意をより確実にするために、単なる「口約束」ではなく、「ダレス」宛に「国民政府承認」確約の書簡を送付するよう求めます。

ここまでは通常の外交でも、ないわけではありません。とりわけ日米非対称システムに組み込まれている日本が、アメリカの圧力ないし要求を受け入れてそれに従うというのですから、さして驚くほどのことではありません。しかし信じがたいことが起こります。ダレスが吉田に求めた、ダレス宛の「国民政府承認」確認のための「書簡」を、実はダレス本人がそのときすでにポケットに忍ばせていたのです。

ダレスは「書簡」を吉田に手渡し、これを自身がワシントンに到着したのちに発出するよう吉田に求めます。なぜ「ワシントンに到着したのちに」なのか。「西村調書」によれば、ダレスは「米国が日本にプレッシャーを加えたのではないかとの世間の誤解を避けるため」だ、というわけです（西村熊雄「平和条約の締結に関する調書II——主として中国問題を中心として」）。

みずから吉田にこと細かに指示しておきながら、「指示した」という「誤解」を招かないため、というのですから、何とも人を食ったダレスの態度ではあります。吉田はダレス持参の「書簡」を一読して、従順にも「別に異議はない」とのべます。日本外交の淡白さというべきか、それとも脆弱性というべきか、この日本外交の卑屈ともいうべき従順さがアメリカの対日支配を少なからず助けてきた、いや以後も助けていくであろうことは間違いありません。

日本側の「負けっ振り」を米国が「服従」ないし「追従」と受けとめれば、みずからの「優位」に米国が自信を強めていくのは当然です。それでもなお吉田の約束違反を恐れるダレスは、吉田がダレス作の「書簡」に手を入れることを警戒します。ダレスは吉田にこう釘を刺します。つまり自作「書簡」の核心部分、すなわち「国民政府を相手に（日本が）二国間条約を締結する」旨の表現だけは変えないよう念を押すのです。

無条件降伏をした国とはいえ、三カ月前に講和条約に調印して、数カ月後には文字通り独立国となる日本、その日本の首相の公式書簡を代書してそれを自身宛に送らせる米国側と、これを何の抵抗もなく受け入れる首相の姿を重ね合わせますと、皮肉にも、日本がそもそも独立回復の出発点からアメリカの「保護国」として再出発したのだという消し難い風景がみえてきます。

後日談ですが、ダレスはワシントンに帰着して無事「吉田書簡」を手にしたあと、吉田に返書を出します。「私は貴殿のお手紙に感謝します。私は貴殿が困難かつ論争的な問題に立ち向かうその勇敢で率直な態度に敬意を表します」。「勇敢で率直な態度」にダレスが「敬意」を表する相手は首相吉田茂ではなく、執拗に国益を求めるダレスその人であった、ということになるでしょう。

†日米非対称システムに屈した社会党政権

このダレス外交の「したたかさ」は、もちろんダレスの専売特許ではありません。国際社会は、主権（最高意思決定権）をもって国益を追求し、場合によってはそのための戦争をも辞さない諸国家から成り立っています。この国際社会にあって一九世紀イギリスの外政家H・パーマストンはこう喝破します。「イギリスは永遠の同盟国も永遠の敵国ももたない。永遠なのは、イギリスの利益だけである」。

占領時代を貫いた米国の貪欲なまでの国益追求は、日本「独立」を経由してもなお日米非対称システムを強めこそすれ弱めることはなかったのです。実際、この非対称システムが発する米国の政治外交力に追従・従属する日本外交の姿は、何も吉田だけのものではありません。吉田の「サンフランシスコ体制」に反対して「安保改定」に向かった岸信介でさえ、同「改定」交渉において日本国益、それも主権にかかわる核心的国益について、アメリカと対等の立場から自己主張できたのかといえば、やはり疑問は残ります。

例えば「在日基地自由使用」というアメリカの占領既得権に日本が制約をかけるというのは、岸政権が「安保改定」交渉に懸けた最大テーマの一つでした。つまり「基地使用」の重要部分については、第三章でのべた通り、日本の「事前同意」を米国に課すというものでした。しかし結局のところ、「事前同意制」はおろか、「事前協議制」までも名ばかりのものになって今日に至っているという事実は、国家としての（相対的）自立性を依然としてみずからのものにできない日本外交の姿を鮮やかに映し出しています。

行政協定を改定して地位協定をつくるための交渉でも、日本がアメリカを説得してみずからの死活的国益を奪回するなどということは、外務省を含めた岸政権にして、やはりアメリカ側から押し返されます。その後の歴代政権も、吉田・岸のこうした対米外交の行動規範から抜け出ることはできませんでした。長年自民党と体制選択を争った日本社会党が冷戦後に政権を握っても、アメリカとの「非対称」関係を変えることは、全くといっていいほどできませんでした。

社会党は、前記（第二章）の通り、一九九四年に政権を獲って村山内閣（自民党・新党さきがけとの連立）をつくったとき、従来の自衛隊「違憲」の方針を「合憲」に変更し、「反安保」を「安保堅持」へと大転換し、かくて「反米」から「親米」へと宗旨変えをします。

これは何を意味するのか。反体制であった左派主導の日本社会党は、政権獲得とともに突然体制側と同一線上に立ったのです。かつての反体制社会党の首相が自衛隊閲兵をするという、およそ想像もできなかったあの光景は、逆に日米非対称システムなる歴史的構築物がいかに牢固《ろうこ》なものであるかを示すとともに、戦後日本の構造そのものがこれまたいかに堅牢《けんろう》なるものかを表わすものでもあります。

地位協定「改定」のチャンスをのがす

村山内閣成立の翌年（一九九五年）、沖縄では米兵による一二歳少女のレイプ事件が起きました。それまで沖縄では駐留米兵に絡む犯罪が多発しましたが、その都度犯人の逮捕・起訴等に関連して、地位協定の「不平等性」がとくに沖縄県民から怒りの声となって政治化されました。今回の少女レイプ事件はあまりにも痛ましく、沖縄県民の憤りは頂点に達します。基地犯罪の元凶である「地位協定」を改定せよという、とりわけ同県民の積年の主張に火がついたのはこのときです。

村山政権内でも武村（正義）蔵相（新党さきがけ代表）はこう慨嘆します。「日本人の一人として悔しく思う。（日本は）まだ独立国ではないのか」（船橋、前掲「日米安保再定義の全解剖」）。頻発する基地犯罪について、米国を相手に国家として満足に対処しえない日本側の行動を政権担当者みずからが嘆いているのです。

社会党党首の村山首相は、この事件を機に地位協定の見直しに意欲をみせます。しかも地位協定から最大の利益を得ている米国防総省でさえ、それまでの「（見直し）絶対反対」から転じて、このときばかりは「見直し」にむしろ肯定的であったといわれています。

ところが、国防総省関係者はこう回想します。「日本の外務省首脳がすっかりうろたえてしまい、ガチガチの現状維持を主張した。従って、国務省も同じ現状維持論を唱えることになった」（同前論文）。

つまり外務省内でもとりわけ首脳陣は、「地位協定は不動」の立場でした。外務省の担当者はこう証言しています。「河野（洋平）外相は動揺も何もなかった。迷いはあったが、地位協定を変えることはするべきでないとの信念に基づいて行動した。言ってみれば、確信犯だった……。こういう問題ではどうしても外務省の方が保守的になる。それは条約の解釈は外務省が責任を担っており、従って枠組みを変える話になるとどうしても保守的にならざるをえないからだ」（同前論文、括弧は原）。

外務省といわずおよそ官僚は、本来政治色の表出には自制しなければなりません。時の政権、すなわち民意によってつくられた政権側の政策指針に従って主として政策の実務遂行に当たるのが、官僚の本務です。ですから、外務省が「現状維持」になるのが問題なのではありません。現状を変革するのは、選挙で信任された政治家であり政権でなければならないのです。

仮に村山政権が、すなわち政治家である首相・外相があのとき現状変革（地位協定改定）の主導権を、それも歴史的見識と強力な指導力に裏打ちされた外交力を果敢に駆使できたなら、「地位協定改定」は何らかの進展をみたはずです。なぜなら、「不動の地位協定」を変革していく条件があのときほど揃った時期はなかったからです。日本外交の脆弱性はここでも明らかです。

政党が保守であろうと革新であろうと、政治家が現実主義者であろうと理想主義者であろうと、彼らが「力不足」の日本外交をどれほど強化してきたかは、極めて疑問であるといわざるをえません。日米非対称システムをこれほどまでに強固にかつ長期に延命させた「理由」の一半が、やはり「弱者日本」のなかにあったことは否めない事実です。

3　国民の心性と外交力

†軍事力と外交力

国際社会のなかで国家がある目的を遂げようとする場合、そのために必要とする手段には、大雑把にいえば、外交力、軍事力、経済力、そして文化力などがあります。しかもこれらの要素は密接不可分の関係にあるといえます。

いかなる国の外交も、究極的にはいつか自国に降りかかってくるかもしれない戦争を漠然とあるいは明確に想定しつつ、外交戦略を展開するものです。「戦争は他の手段をもってする政治の継続である」というクラウゼヴィッツの言葉は、このことを紛れもなく説明しています。

もちろん、戦争が人的・物的に莫大なリスクないしコストのかかるものであることは自明です。したがって、理性ある指導者が戦争を「最後の手段」、いや、できれば「最後まで使わない手段」と考えるのは当然です。

もっとも、現代における核戦争の可能性を考えれば、「戦争は政治の継続」とするこのクラウゼヴィッツの命題が必ずしも当を得ているとはいえません。なぜなら核拡散の今日、核保有国が互いに核を使って戦えば、その戦争は勝者と敗者の区別を消し去って、絶望を残すだけとなり、戦争の「利益」を得る国家などあろうはずはないからです。

しかし実際問題として、国家の指導者たちがとくに国家国民の安全保障にかかわる国際紛争に直面したとき、たとえ核戦争であっても、いや核戦争をこそ想定内に入れて外交に当たることは間違いありません。国家は、とりわけ核超大国（例えば米国・中国・ロシアなど）は、経済力などの他に、核戦力を含む軍事力を背景に外交を展開するだけに、その手法において選択肢（威嚇・脅迫外交から平和的方法による外交に至るまで）を増やしつつ多彩な外交戦略を打ち出す姿は、日常的に目撃するところです。

しかし日本は、実際には世界有数の「戦力」をもつとはいえ、一方で「専守防衛」の「九条的精神」を掲げているのですから、軍事力を外交の手段にして国家行動を展開するなどということは、おのずから制約されます。文字通り軍事力を排して「平和外交」のみを唯一の武器にして国際政治に参画する以外、日本の生きる道はないのです。

ただそれでもなお、日本が自前の「戦力」に加えて、アメリカの軍事力を抑止力にしつつ外交行動に出ていることは否定できません。また他国も、アメリカの軍事力に守られている日本、すなわち安保条約下にある日本と外交関係にあることをみずから常に意識しているのは当然です。

吉田茂は一九三二年外務省在外公館外交巡閲使としてワシントンを訪問しますが、そのとき会ったウッドロー・ウイルソン大統領の元側近エドワード・ハウス大佐が吉田に次のように注告します。「ディプロマチック・センス（外交感覚）のない國民は、必ず凋落する」（吉田茂『回想十年　第一巻』新潮社、一九五七年、括弧は原）。いつの時代でも外交が国家の死命を制することは、間違いありません。

ただ重要なことは、国家にとって最も枢要な国力の一つであるこの「外交力」のありようが、よきにつけ悪しきにつけ、実は国民大衆の心理的特性ないし国民性に少なからず下支えされているという事実です。一国の外交行動が、ある程度国民の心理的特性を基盤にしていること、しかもこの国民の心理的特性が、長い歴史に醸成されたその国の文化と重なるのは、いうまでもないことです。

†「権力に弱い日本人」

ここで注目すべきは、日本国民の心理的特性、すなわち国民性とでもいうべきものが、戦後外交とりわけ対米外交にどのような形で現われてきたのか、ということです。有り体にいえば、日米非対称システムに支配されてきた日本外交の行動様式（あるいは行動規範）

が、多分に日本人の心理的特性に動かされている部分があるということです。もちろん、ここでことさら日本特殊論を言挙げするつもりはありません。しかし人間個々人に個性があるように、ある国民共同体が他国民に比べて相対的に顕著な心的個性をもち、それが同胞指導者による外交行動に反映していくのは全く自然なことです。

先ほど、強者を強者たらしめている「理由」の一部は弱者にある、とのべたばかりです。占領軍に対する日本国民のいわば「手を下げ膝を屈する」姿が、米国の政策決定者たちの対日認識に重大な影響を与えただけでなく、彼らの対日政策の意思決定そのものに侮り難いインパクトを与えたであろうことは、容易に想像がつくというものです。

「敗けっ振り」と表裏するかのように米国への追従性をみせた吉田にして、戦勝国アメリカに対してともすれば卑屈な態度をとる日本国民には不満でした。彼はこういいます。「(日本人は)外国人の言うことは片っ端から盲信する癖がある」(吉田、前掲『大磯随想』、括弧は原)。日本人の「付和雷同性」が、吉田には面白くないのです。

吉田と権力闘争のすえ後継首相となった鳩山一郎もまた、同じことをいっています。彼は敗戦直後みずから「日本自由党」をつくりますが、その創設大会で、日本人が生得的にもっている「権力への盲従」に警告を発しています。

「権力に弱い日本人」に深い危機感を抱いたのは、何も吉田や鳩山に限ったことではありません。しかし戦後日本の指導者として、とりわけ被占領国日本にあって、占領軍と対峙した吉田・鳩山の国民批判は、当然のことながら、まずは同じ時代に生きる国民大衆の行状を目の当たりにして発せられたものです。

もちろん国民性なるものが短期間のうちにつくられるはずはありません。歴史の地層から滲み出る民族の精神的エキスが国民の気風となり心理的特性となるのです。時代が何事もなく推移する場合、私たちはみずからの「国民性」を自覚することは難しい。しかし逆に、民族として初めて他民族（米国）に占領されその絶対権力に遭遇するといった非常時にあっては、この敗戦民族がみずからの本質を外聞もなく露わにしたとしても不思議ではありません。

†「拝啓マッカーサー元帥様」

このことを傍証する一つの資料があります。占領期の「絶対君主」マッカーサー元帥に宛てた日本人の膨大な手紙類がそれです。推定五〇万通（敗戦直後から一九五〇年末まで）に及ぶこの手紙類の一部を整理分析した袖井林二郎は、次のようにのべています。

「日本全国各地から文字通り老いも若きも、男も女も、旧軍人から共産党員までが、思いのたけをこの外来の支配者に書き送った手紙の群れは、日本人がどのような民族であるかを雄弁に物語っている」（袖井林二郎『拝啓マッカーサー元帥様』大月書店、一九八五年）。

手紙群には、わずかとはいえ占領政策への批判の手紙も含まれています。しかし手紙の大部分は、マッカーサーへの賛美を含めて、「そこには権力者に身をすり寄せていく姿勢が見てとれる」と袖井はいいます（同前書）。「マッカーサーへのラブレター」といわれるゆえんです。

昨日に「鬼畜米英」と叫び、今日には新しい征服者マッカーサーに「万歳」を三唱する日本人の姿がここにあります。敗戦後一カ月も経たずして（一九四五年九月七日付）、「世界ノ平和ト世界ノ文明ヲ創ルモノハ貴国亜米利加デアルモノト貴国ノ偉大サヲ鑽仰シテ止マナイモノデアリマス」と書き送る某県会議長のこの「へつらい」は、まだ抑制的だとさえいえます。次の岡山県在住者の書信は、ずばり日本をアメリカの「属国」にしてほしいとマッカーサーに懇願しているのです。この投書は冒頭からこう書き記しています。「謹啓　誠に中兼ね候へ共日本之将来及ビ子孫の為め日本を米国の属国《ゾッ》となし被下度御願申上候」（一九四六年二月一八日付）。

ちょうどその頃別の人物によって発信された手紙（一九四六年二月一五日付）では、絶望の淵に突き落とされた日本を救済するには「米日合併」しかない、として次のように言葉の限りを尽くしてマッカーサーを誉め称えます。「閣下の御指導実に神の如くその眼光は実に日本社会の隅々まで徹し全謂《あらゆる》御指令は見事に一々的中し吾々は衷心よりその御指導が人道的であつて（中略）到底日本の政治家共には及ばざる善政であることを感謝致して居るのでございます」。

そしてこの投書は、日本国民が「米日合併」によってすべてを米国の「ご慈悲」に委ね、「貴国の命のま、に動く」ことによって日本は救われること、さらに米国の「御寛大なる御国柄」をみるにつけ、「恥し乍ら若しこの戦争の結果が反対であつたと仮定したとき」、日本ならば「どんな態度で出たであらうか」と反省し、だからこそ「貴国のやうな偉大なる国民」に指導される日本国民は幸せだ、というのです。

確かに軍部専制の戦前戦中においては、国民が徹底した思想統制・言論弾圧のなかで戦争に駆り出され辛酸をなめたのは、歴史の事実です。旧軍部の独裁に比べれば、同じ独裁でもマッカーサーの独裁が「ご慈悲」あるものと国民に映ったのは、あるいは自然かもしれません。

「幸せ」を与えてくれるのは、いまや天皇でもなければ政治家でもなく、「慈悲深い独裁者」マッカーサーなのです。元帥への感謝とおもねりの入り混じった日本人の感情は、ときに物品のプレゼントとなってマッカーサーに届けられます。人形、ステッキをはじめ高価な西陣の打掛けに至るまで、そして食物では米、山芋、小豆、茶、塩漬けの鮭、松茸などが次から次へとマッカーサーに献上されました。

†マッカーサー「日本人は一二歳」

かくてその極みは、あの有名なマッカーサーの「銅像建立計画」です。「最も尊敬する元帥」の銅像を「平和の象徴」として建てたいとする気運は、日本各地に興ります。ある一通の書信は、「銅像を建てたい」という思いのたけをこう書き記します。

「昔は私たちは、朝な夕なに天皇陛下の御真影を神様のようにあがめ奉ったものですが、今はマッカーサー元帥のお姿に向かってそう致して居ります」。「ここに私は一つの提案をいたしたく存じます。それは平和国家の建設を寿《ことほ》ぐため、マッカーサー元帥を讃える記念碑と銅像を宮城前広場の一廓に建立したいというものです」。袖井によれば、この支配者への「おもねり」は「少数の例外ではなく、国民感情の最大公約数であった」のです。

マッカーサーの「御真影」をあがめ奉っているこの手紙の主は、「日本人は生来きわめて単純素朴」であり、それゆえ元帥のよき指導があれば「かなりのところまでのびる」と訴えています。

マッカーサーは、いやアメリカは父であり教師であり、日本人はナイーブな子供であり、だからこそよき指導者に恵まれれば「成長」が期待される、というわけです。やはり「日本人は一二歳」なのでしょうか。

「一二歳」とは、日本人の精神的成熟度を評してマッカーサーがいい放った言葉です。マッカーサーはトルーマン大統領に連合国軍最高司令部（GHQ）の司令官を解任されて帰国するや（一九五一年）、上院（軍事・外交合同委員会）聴聞会で証言します（Military Situation in the Far East, Hearings before the Committee on Armed Services and the Committee on Foreign Relations, United States Senate, Eighty-second Congress）。

彼がこのとき発した、「日本人は一二歳の少年のようだ」という言辞は、日本国民のプライドを完全に打ちのめしました。マッカーサーからすれば、成熟した「四五歳」のアングロサクソンやドイツ人に比べれば、日本人はまだまだ指導を要する子供だというわけです。「聖者の如き」マッカーサーの銅像建立に対する国民の熱い思いは、この発言を機に急速に萎《な》えてしまいます。

†個人の美徳と国際政治

日本といういわば「村社会」では、「単純素朴」はもちろん、「純真無垢」でさえ美徳であり、生きる力でさえあります。国を超えた個々人の交流においても、「単純素朴」・「純真無垢」が肯定的要素になることは珍しくありません。しかしさまざまな主権国家から成る国際政治の世界では、この「単純素朴」・「純真無垢」は必ずしも美徳ではないし、むしろ弱点として働くことさえあります。子供の心性と重なるこの「単純素朴」・「純真無垢」が、我欲渦巻く国際政治で通用するはずがありません。

主権という名の至上権力をそれぞれの国家がもつということは、少なくとも国際法上すべての国家が対等に振る舞う権利をもつということです。ただ、日米関係がそうであるように、実際は国家間の関係は、ときに戦争に巻き込まれてその結果占領・被占領の過酷な関係に陥ることもあります。あるいはこの国家間の関係は、平時でも軍事力・経済力・外交力等々から成る各国国力の変化に従って形を変えていくものです。事実において、諸国家は対等ではないのです。

もちろん国家間の相互協力・平和創造への道が、「安全」という国益の推進にとって最良の道であることは誰もが知っていますし、現にその努力がみられるのは事実です。しかし現実の世界をさらによくみれば、国家はまず「生きる」ために平和的アプローチを追求するだけでなく、法的・道義的に許される限り、いやときにはそれをも無視して「安全」という名の大義名分を掲げて国益追求に走ります。「安全」を確保するための「侵略」をさえ、国家は力ずくで正当化することにもなるのです。

国益追求が権力追求と表裏しているのはいうまでもありません。時にこの権力追求は自己目的化して暴走することさえあります。国際社会が（いや、国によっては国内社会でも）ともすれば「万人の万人に対する闘争」（T・ホッブズ）といわれる理由がここにあります。

この力と力のぶつかり合う国際政治の場で、日本人の「単純素朴」・「純真無垢」が占領軍への素直な感謝や媚《こ》びへと溶解していくのに、さしたるプロセスは要りません。権力者に「すり寄り」つつその「指導」までも仰ぎたいというのですから、マッカーサーならずとも、権力闘争に揉まれてきた世界の指導者たちからすれば、日本人が「一二歳」であるかどうかはともかく、そこに「子供」の心性をみてとったとしても不思議ではないのです。「米日合併」をマッカーサーに懇願した先の手紙には、「貴国の命のまゝに動く」ことによってのみ日本は救われるとありましたが、半年前の敗戦までは、この手紙の送り主を含む日本人は、「天皇の命のまゝに動く」ことが日本を救う唯一の道と信じていたのです。やはり日本人には、「寄らば大樹の陰」という習性があるのかもしれません。当時誕生したばかりの日米非対称システムが日本人とりわけ一般国民のこうした心性を取り込んでみずからを安定強化していったであろうことは、十分想像のつくところです。

†論争嫌いと外交力

明治維新から間もなく、福沢諭吉はその著『学問のすゝめ』（岩波文庫、一九七八年改版）

で次のようにのべています。「独立の気力なき者は必ず人に依頼す、人に依頼する者は必ず人を恐る、人を恐るる者は必ず人に諛《へつら》うものなり。常に人を恐れ人に諛う者は（中略）論ずべきを論ぜず、人をさえ見ればただ腰を屈するのみ」。福沢はこうものべています。「独立とは、自分にて自分の身を支配し、他に依りすがる心なきを言う」。「一身独立」してはじめて「一国独立」が実現する、と彼はいいたいのです。

敗戦後早々のことですが、津田左右吉《そうきち》もまた、日本人の性格について次のようにのべます。すなわち、他の民族に対して「ひけめ」を感じ、みずから「低劣な民族」ででもあるかのごとく思い、「みづから主張すべきことを主張せず（中略）他に媚びるやうな態度をとる」のは、「日本人の欠点」だというわけです（つだ・さうきち『ニホン人の思想的態度』中央公論社、一九四八年）。

津田のこの主張は、福沢のいう「日本人の劣等感」に通じるところがあります。森有礼《ありのり》（明治期の政治家・文部大臣）が明治初頭、日本語を廃止して国語を英語にするよう主張したのも（一八七二年）、あるいは敗戦直後（一九四六年）作家の志賀直哉が日本語を廃して美しいフランス語を国語にせよと訴えたのも（南博『日本人論』岩波現代文庫、二〇〇六年）、日本人の西洋人に対する「劣等感」を示す典型的な事例といえましょう。

森有礼や志賀直哉の主張は極端なケースといいたいのですが、必ずしもそうでないところにその根の深さがあるように思います。西周《にしあまね》、津田真道《まみち》の「日本人劣等説」は、まさに森・志賀らに通底するものです（同前書）。

それどころか、「知的・身体的劣等」の日本人は西洋人と「雑婚」して「人種改造」すべしという意見も、明治初年からそして日米戦争敗戦後も現われます（同前書）。これは「日本語廃止論」と同じく、あるいはそれ以上に日本人の心理的特性をより根源的に例示するものです。

福沢諭吉のいうごとく「論ずべきを論ぜず」、津田左右吉のいうごとく「主張すべきことを主張せず」というのが「日本人の欠点」だとするなら、この「欠点」は日本人が外交、とりわけ対米外交に最も必要な能力の一つを大きく欠いていることを意味します。日本が、米国優位の日米非対称システムを「対称システム」へとシフトしなければならないとするなら、この「欠点」がまさに対米外交の決して軽くはない障害要因になるだろうことは間違いありません。

外交は、戦争領域に入るぎりぎりの線までをその行動範囲にします。同じ政府間の外交でも、公式のそれもあれば非公式のそれもあります。水面に現われる外交もあれば、水面下の外交もあります。国際法に従う外交もあれば、謀略の外交もあります。

外交に参画するアクターは、政府首脳やいわゆる外交官だけではありません。国家が遭遇する外交テーマに応じて政官界・民間のさまざまな人材がその外交に投入されます。つまり外交がときに国家の総力戦であることからすれば、その外交のありようが国民の心理的特性を反映して不自然なはずはありません。

日本人がその習性として「論争」を好まず「自己主張」に臆するとみる福沢諭吉・津田左右吉らの知見は、いい換えるなら、できるだけ対立を避けようとする日本人の特性を衝くものです。外交はつねに国益と国益が、権力と権力が衝突する世界のなかにあります。当事国間に対立・緊張があっても、彼らが戦争を避けたいなら、その「対立」は「言葉の戦争」つまり外交によって解決されなければなりません。しかし問題は、独特の言語習慣をもつ日本人がこの「言葉の戦争」を戦い抜くことができるのか、ということです。

†言語文化の違い

成瀬武史は『ことばの磁界』（文化評論出版、一九七九年）のなかで興味深いことを語っています。すなわち、西洋には「いかなる場合にも、批判力を持つ汝をしっかりと見すえて論ずる、我を失わない対話の構図」があるのに対して、日本では「ひたすらに聞き手の穏和な人柄に期待して、差し障りなく個人の感想を語る構図」があること、そしてこれら二つの構図が生みだす「表現の形」には明確な「差異」があるというのです。

西洋の言語観からすれば、西洋人は「初めから十字架のように議論が切り結ぶことを覚悟」して語り、日本人は「人性の自然に逆らわずに数珠を数えるように言葉を繰りだして行けば、おのずから円満に」落ち着くとの信頼を背にして語るのです（同前書）。

したがって成瀬にいわせれば、「ヨーロッパ語の表現には構え」があるのです。つまり「聞く耳を持たない者でも論理の力で説得するために、修辞学や文体論の企みを裏に秘めた話術」が西洋人にはある、というわけです。それに比べて「自然の表情が好まれる」日本語の世界では、「多くの場合は論理はおろか、言葉すらしばしば省かれがち」なのです。

日本外務省と米国務省の実務幹部が集まった、一九七二年の「日米政策企画協議」で、「極東条項の廃止」問題が議論されたことは第三章でのべましたが、実は他に極めて興味深いテーマがここで取り上げられました。日米間コミュニケーションの問題です。米側はここで日本外交当事者の言語行動に不満を表明します。

彼らはこういいます。「アメリカ人は実際的で論理的な表現法をとるが、これに対して日本人は婉曲《えんきょく》的表現をとることが多く、アメリカ人としてはそのニュアンスを把握することがきわめて困難であり、これが日米間のコミュニケーションを阻害する一要因となっている」（前掲「第一五回日米政策企画協議報告」）。

そしてこうつけ加えます。「日本人の間では言葉をぼかすことが奥床《おくゆか》しいとされている」が、アメリカと対話するときは「率直なシグナルを送る必要」があり、それは「無遠慮なことではない」ことを日本の指導者はよく知るべきだ、というのです。

日本独特の言語文化はその外交行動にある種の隙《すき》をつくり、その隙が相手側の外交攻勢を誘うことは大いに考えられます。言葉で応酬しない分、相手側がいわゆる外圧をかけてくるのは当然です。事実この会合で、米側は日本側の面々に向かってこういってのけます。「日本の政策決定機構を動かすにはきびしい外圧をかけることが必要であるという意見が、米国のみならず欧州においても強まっている」。

歯に衣着せぬ米側のこの発言に対して、日本の実務者たちは意外にもこう応じます。つまり、「外国が日本に押しつける解決策が妥当であるなら、『押しつける』ことが日本の決定を促進させるためには、最もworkableな方法だろう」。

アメリカとの間に解決すべき課題があるとき、その解決にアメリカ側の圧力（当然、威嚇も含まれる）を期待するという、日本側のこの倒錯した心理は、「言葉の戦争」を戦う外交の世界では、決して国益に資するものではないでしょう。

†「ディプロマチック・センスのない國民は、必ず凋落する」

この日米協議で米側は、「日本人は相手方に対する配慮や共感を大切に考えて」いることを指摘しています。日本では例えば成瀬がいうように、家族や仲間うちでは「強力な思いやりの磁場」があります。この「思いやりの磁場」のなかでは、「多弁は無用」ということになります（成瀬、前掲書）。こういった成瀬の分析は、「日本人は、話さないこと、書かないことをたっとぶ」（金田一春彦『日本人の言語表現』講談社現代新書、一九七五年）という金田一春彦の見解と相通じるものです。

金田一はこういいます。「一般に話のうまい人を見ると、あれは実行がともなわないから、口先でゴマ化しているのだと解する。そのために訥弁《とつべん》の人を慕わしく思う傾向さえある」（同前書）というわけです。

先ほど触れたように、一般論として、欧米人が日常茶飯事とみる「対立」を日本人は好みません。したがって金田一がいうように、日本人は「一般に議論をするのを楽しまない」のです。議論すれば対立が起こることを日本人は恐れるからです。対立状況のなか言葉の応酬によって相手を説得し妥協し、場合によっては威嚇し、かくてその対立を解決にもっていくという欧米流の発想は、日本人には乏しいということでしょう。

成瀬は、西洋で「早くから社会契約の思想が根づいている」のは、「言葉（契約の条文）によって人の心と行為を制御しようとする行き方」（成瀬、前掲書）があるからだと主張します。これに対して、日本人が「大切にする和は、言葉に優先する心の融和を基盤」にします（同前書）。「心が通じるから言葉をかけあう」日本人と、「言葉をかけるから心が通じる」欧米人の違いです。

日米非対称システムのなかで、「対立を恐れる」日本人と「対立を恐れない」欧米人との間でこれほどまでに心性や言語文化が異なるとなれば、そのことが日本とアメリカそれぞれの外交スタイル、いや外交力そのものに反映しないはずはありません。ただでさえ劣勢にある日本が「主張すべきことを主張せず」、優位にあるアメリカが主張すべきことを主張し、それでもなお主張してやまないとなれば、日米非対称システムの将来が決して楽観できるものでないことは、明らかです。

外交にはそれが必要とするさまざまな資源（例えば「世論の支持」）を動員する力量が要求されます。そして外交には「主張すべきことを主張」して、妥協すべきは妥協し、かくして事態を解決する政治術が必須です。これらの条件がその国の外交に備わっていなければ、前出ハウス大佐のいうように、「ディプロマチック・センスのない國民は、必ず凋落する」ということになるでしょう。

第六章
政治的「自立」への道

G20大阪サミット閉幕後、記者会見で「日米安保条約は不公平だ」と語るトランプ大統領
（2019年6月29日、共同）

1　議会制民主主義と日本外交

†プーチン「日本はどの程度、独自に物事を決められるか」

アメリカの歴史学者ジョン・ダワーは最近の著書で、アメリカの行動、とくに東南アジアで展開した「残虐な戦争」（例えばベトナム戦争など）に日本がどうかかわったかについて、こうのべています。「日本政府のアメリカ政府への盲目的従属は明白であった」［ジョン・W・ダワー（田中利幸訳）『アメリカ　暴力の世紀』岩波書店、二〇一七年］。

そして彼は「アメリカの残酷な軍事力使用に対する中毒状態への日本の服従」は、「最終的に大失敗に終わった、アフガニスタンとイラクへの侵略戦争でも繰り返された」（同前書）として、アメリカに対する日本の隷属性を批判しているのです。彼は、日本人にこう警告します。「日本政府が、いやそれのみか日本の政治家たちが個人的にも、実質的にはアメリカの行動全てを支持していたということを心にとめておくべきである」（同前書）。

ロシアのV・プーチン大統領は、二〇一六年一二月（七日）日本の新聞社とのインタビューに応じますが、そのとき彼は北方領土問題に絡めて、日米同盟における「日本の立場」に言及します。すなわちプーチンは、安保条約の一方の当事者である日本が日ロの合意を「どのくらい実現できるのか、我々は見極めなければならない」として、「対米従属」の日本に疑問を呈します。そしてこういい放ちます。「日本はどの程度、独自に物事を決められるか」（読売新聞、二〇一六年一二月一四日付）。

その半年後（二〇一七年六月一日）同大統領は、世界の主要通信社との会見で、さらに踏み込んでこう発言します。「（北方領土が）日本の主権下に入れば、これらの島に米軍の基地が置かれる可能性がある」（朝日新聞、二〇一七年六月二日付、括弧は原）。北方四島の「共同経済活動」を領土交渉の突破口にしたいとする日本が、依然として米国に「盲目的従属」をしていることについて、ロシアが不信感を抱いている様子がここに表われています。

つまりプーチンからすれば、北方領土を日本に還せば、安全保障関係で対日優位に立つアメリカは返還領土内に米軍基地を建設し、しかも日本にはこれを阻止する政治力も、いやそれ以前の「国家の自立性」もないだろう、というわけです。

米ソ冷戦時代がまたやってきたかのように、ロシアにとって再び自国の「敵」になりつつある米国、その米国に「主張すべきことを主張せず」の日本に対して、ロシアは果たして北方領土を還すでしょうか。

†相互防衛条約に必要な「集団的自衛権行使」

そもそも日本においては、たとえ安保条約を支持する人々であっても、彼らは戦後一貫してみられる日米非対称の慣性から日本が抜け出して政治的「自立」を何らかの形で担保すべきことを主張するでしょう。しかしこれまでの諸章からも明らかなように、「対等の日米関係」は、米国側の強い反発とともにこれまでの歴史的経緯もあって、日本にとってはいかにも重い課題ではありました。

せいぜい私たちは、「対等の日米関係」を漸進的に構築していく、つまり日米非対称システムのいわば改良型を積み重ねていくしかなかったといえます。少なくとも日本側の意図としては、一九六〇年の「安保改定」も、そしてその一二年後（一九七二年）の「沖縄返還」も、その実践的な事例ではありました。いやさらに挙げれば、鳩山一郎が米ソ冷戦のなかアメリカの意に必ずしも沿うとはいえない日ソ国交回復を果たしたのも（一九五六年）、日本の「自己主張」の現われであったといえましょう。

日本が日米非対称システムを、とりわけ安保条約における日米「不平等」から日米「対等」へ向けて漸進していく場合、その日本が米国を相手に交渉すべき課題は、事実上「駐軍協定」である現在の安保条約を「相互防衛条約」に変更することでした。

端的にいえば、まずは安保条約第五条を「相互依存」の第五条へと変えていくことです。少なくとも一九五三年調印の「米韓相互防衛条約」（共同防衛地域に「太平洋地域」が含まれている）並みに、ということかもしれません。米国が集団的自衛権の無条件行使によって日本を丸ごと守るその見返りに、日本も同じく集団的自衛権の無条件行使によって、せめて米国領土の一部、すなわち「太平洋地域」ないし「西太平洋地域」を防衛する義務を負うということになります。

客観的にみれば、安保条約が日米それぞれの領域内に「共同防衛地域」を設けて両国がこれを守り合うという形を整えて、はじめて「相互防衛条約」すなわち「同盟条約」の核心部分ができあがるのです。

こうなると日本は、戦後最大の争点の一つすなわち「集団的自衛権行使」をフルスペックで認めるか否かの決断を迫られることになるでしょう。従来の日米非対称システムを受け入れて日本が対米従属をこのまま続けていくのか、それとも米国への、とりわけ領土防衛面（安保条約第五条）での一方的依存をやめて、負うべき負担を負って互恵「対等」の相互依存関係を新たに築くのか、その分岐点に立つことになるでしょう。

†外交力の飛躍的な向上が必須

もちろんこの問題が一筋縄でいかないのは、分かり切ったことです。日本が将来集団的自衛権を他の欧米諸国なみに行使するとしても、これまで日本に過重負担を強いてきた極東条項や地位協定は果たして改善されるのか、という問題が残るということです。

極東条項は、最初から条約自体が互いに相手国領域を守り合う相互防衛型であれば、そもそも存在しなくてもよいものでした。相互防衛条約になれば、「条約地域」としての日米両国領土の外にある「極東」には関知せずとして、「極東の平和・安全」のための米軍による在日基地使用を拒否することはできたはずです。

しかし安保条約が、いや旧安保条約が単なる「駐軍協定」である限り、アメリカがそこに極東条項を押し込んでくることはありえたでしょうし、実際申し込んできたのです。日本が抵抗らしい抵抗もせず、いとも簡単にこのアメリカの要求を受け入れたことは、すでにのべたところです（第一章）。旧安保条約の発効後、そして新条約誕生後も、アメリカが日本から「極東条項の削除」を要求される度に「猛反発」をみせてきたことも、これまで幾度かみてきた通りです。

新条約とともにつくられた地位協定もまた、旧安保条約下で機能した行政協定の後身であることからすれば、その〝年季の古さ〟は極東条項と全く同じです。その内容も、米軍が日本側のもっている世界有数の兵站力を存分に活用できるようになっており、しかもいまやアジア太平洋戦略を視野に入れて機能しているのです。

つまりアメリカにとって極東条項も地位協定も、安保条約の生命線であり続けたのです。日本が将来安保「再」改定によってみずからの集団的自衛権を米領土（太平洋地域ないし西太平洋地域）防衛のために行使できるようになっても、いまさらアメリカが「極東条項の削除」や「地位協定の改定」（とくにその核心部分の改定）に応じる可能性は決して大きくはありません。

いや、これまでの叙述からも容易に想像できるように、アメリカの世界戦略における極東条項・地位協定の絶大な軍事的かつ政治的効用からすれば、これらを手放してまで、あるいは部分改定してまで日本に太平洋ないし西太平洋地域を守ってもらう価値があるのかどうか、アメリカは当然考えるでしょう。それほど「極東条項の削除」と「地位協定の改定」は、アメリカの最も嫌うところなのです。

しかしそれでもなお、もし現状変更の可能性があるとすれば、地位協定の改定です。駐留米軍が日本国民に危害を及ぼす重大事件（あるいは重大事故）が発生して、アメリカが日本側からの地位協定改定要求に応じざるをえなくなるケースは考えられます。その際決定的に重要なことは、今度こそ日本が対米外交の主導権をとることです。

つまり、日本の外交力が飛躍的な向上を遂げて米外交力に拮抗できるような交渉力を備えることです。外交力を強化することによって日本はアメリカを動かし、前出（第三章）の通り、まずは少なくとも敗戦国ドイツやイタリア並みに自国内の米軍行動に国内法を適用して国家主権を回復することが重要です。

†憲法改正という試練

さて、フルスペックの集団的自衛権行使を可能にするには安保「再」改定が必要だとしても、しかしその前に「集団的自衛権行使」を明示するための憲法改正が求められるのは、いうまでもありません。その場合、私たちはある意味で戦後最大級の試練に直面することになるでしょう。

日本人は、アメリカが敗戦国日本にもたらしたこの憲法の条文に一指も触れることなく、今日までこれを温存してきました。ただ、「憲法温存」といっても、日本人はいわば一枚岩でこの憲法を保持してきたわけではありません。

敢えて単純化すれば、戦後日本にはいわば護憲派と改憲派との間に深い断層がありましたし、今日依然としてこの断層が部分的に残っていることは事実です。いまの憲法を無修正で守り抜くべきだとする護憲勢力と、この憲法がいってみれば「占領憲法」であるがために日本自前の憲法に変えるべきだとする改憲勢力との対立がそれです。

護憲勢力は憲法の内容とりわけ安全保障に絡む九条の内容を高く評価します。同勢力にとって九条一項の「戦争放棄」と、二項の陸海空軍その他の「戦力不保持」や「交戦権放棄」は、戦後日本の「平和主義」を体現するために日本人が固守すべき不滅の価値である、というわけです。

一方改憲勢力は、九条一項の「戦争放棄」に異論はないとしつつも、二項の「戦力不保持」と「交戦権放棄」はこれを否定します。改憲勢力にとって自衛隊は憲法九条に照らして合憲であり、その存在は諸法律によって承認されているではないかというのです。しかし九条二項があいまいな解釈の余地を残していること、だからこそ改憲によって陸海空の戦力保有を明確にすること、そして集団的自衛権の行使を可能にする、というのが改憲勢力のほぼ共通した主張です。

護憲派と改憲派の対立点は、もちろん九条をめぐる問題に限られるわけではありません。しかし国家国民の安全保障をどう手に入れるか、その理念・政策の本質部分を盛り込んだ九条が、文字通りこの国の体制づくりに直結するだけに、これをめぐる対立は極めて深刻なものでした。事実この対立は戦後日本に深い断層を刻み込み、今日に至るも消えてはいません。

もちろん、民主主義の政治体制であれば、国家の死命にかかわる安全保障政策が激しい論争・政争を生むのは、別に不自然なことではありません。しかし、外交については「政争は水際まで」といわれます。外交にかかわる政治的対決は、できるだけこれを国内にとどめおくことが国益に適うというわけです。さまざまな意見は、日本における議会政治の仕組みからすれば、まさにその議会で決着がつけられ、あるいは方向づけられ、政府は国民の意思としてこの議会の意向を背負って外交に当たらなければなりません。国内の深刻な分断をそのまま映し出す外交に、対外交渉力とりわけ対米交渉力の強化を期待しても、それは無理でしょう。

†冷戦時代——「改憲・体制側」vs.「護憲・反体制側」

こう考えてきますと、戦後日本の議会がそもそも外交なるものにどう取り組んできたのか、ここで振り返っておく必要があります。結論を先取りしていえば、日本の議会制民主主義は、少なくとも外交とりわけ日米安全保障関係に関する限り、戦後七〇余年決してその本来の機能を果たしてきたとはいえない、ということです。

まず米ソ冷戦時代をみてみましょう。冷戦時代には、護憲勢力がいわゆる「革新勢力」

と重なっていました。革新勢力が主として日本社会党、それも左派主導の日本社会党と日本共産党から成っていたことはよく知られています。

戦後最初期に実現した右派中心の社会党政権すなわち片山哲内閣（一九四七年、民主党・国民協同党と連立）が崩壊した（一九四八年二月）後は、マルキシズムないしソ連型社会主義と共振する左派が冷戦終焉の一九九〇年前後まで終始社会党を牽引してきました。この左派主導の社会党（そして共産党）と保守勢力との間の最大争点の一つが、「護憲か、それとも改憲か」であったのです。

この改憲・護憲の対立構図は当然ながら、安保条約への支持・反対の構図と相似形をなしています。「非戦・非武装」、とりわけ「非武装」の九条に不満の保守勢力は、少なくともその主観においては、米国に基地提供する「対価」として防衛力不足の日本を米国に守ってもらう、そのために安保条約を結んだのだ、というわけです。

一方、「非戦・非武装」を支持する革新勢力すなわち左派主導の社会党などは、米国との軍事的盟約そのものを拒否しました。彼らは、共産圏諸国を仮想敵とする「米軍駐留」のための安保条約を認めません。かくて「非武装・中立」を党是としながらも、実際には「反米」を貫くとともに、共産党独裁国家への接近、すなわち「親ソ」・「親中」・「親北朝鮮」へと傾斜していったことは事実です。

つまり冷戦時代の保守・革新のこうした対立は、はっきりいえば、体制と反体制の闘いでした。米国と密接な安全保障関係をもつ保守勢力は、経済システムとしての資本主義と、政治システムとしての議会制民主主義を推進する立場をとります。

基本的にはマルキシズムに親和性をもち、ソ連型社会主義に共鳴する左派優位の社会党は、みずからを「国民政党」としてではなく、近代労働者階級（プロレタリアート）中心の「階級政党」として性格づけるのです。議会制を肯定するわけではなく、議会で「絶対多数」を得た後は院外大衆勢力の力をも動員して「盤石の政権」をつくる、いわゆる「左社綱領」（日本社会党が左右に分裂した結果生まれた左派社会党が、一九五四年の党大会で労農派マルクス主義に基づいて作成した綱領）の「永久政権」論へと向かうのです（原彬久『戦後史のなかの日本社会党』中公新書、二〇〇〇年）。

†議会制の形骸化

こうなると、議会主義のなかで体制・反体制が権力交代を繰り返すこと自体、無理な話です。有権者が投ずる票数次第で与党勢力と野党勢力が入れ替わって国家権力を握り、その都度国民がある体制から全く違った体制へと移ることは、それが国民生活の激変と混乱を意味するだけに事実上不可能でした。国民が一度として「社会党単独政権」を許さなかったのは、「政権交代」に対する国民自身の不安がその背景にあったからだといえましょう。

議会制は体制についての社会的コンセンサスがあってこそ成り立つものです。体制と反体制の政治闘争が、たかだか議会という言論と多数決の場で決着がつくはずはありません。戦後日本の不幸は、「革命」によってしか解決できないこの巨大な政治闘争を議会制における政権交代をもって解決しようとしたところにあります。米ソ冷戦時代にあっては、まさに米ソ体制間闘争の国内版として保守・革新の対決が続いたわけですから、少なくとも五五年体制崩壊までは、日本の議会制民主主義がその名に値する内実を備えていたとはいえません。議会の形骸化は明らかです。

資本主義・自由主義の立場に立つアメリカと組んで「改憲」・「安保条約」を推進するか、それとも社会主義（共産主義）の立場に立つソ連・中国・北朝鮮の側にあって「護憲」・「安保条約廃棄」へと進むのか。こうした体制・反体制間の争いは、それが国家の骨格部分に触れるだけに、議会における両者間の議論もそれぞれの立場から一歩も引かず、いくら時間をかけても妥協なき膠着状態が続くのは、当然です。ただでさえ脆弱な日本の外交力が、米ソ冷戦のなか国論の完全な分断によってその力を削がれていったのは、いうまでもありません。

†冷戦後——一党支配への回帰

では、冷戦後はどうか。ソ連崩壊（一九九一年）とともに日本社会党の議会勢力は急速に衰えていきます（一九九六年「社会民主党」に党名変更した）。一方、冷戦時代に社会党と闘った自民党も、一九九三年政権を失います。自民党一党支配であった五五年体制の終焉に引き続いて生まれたのが、「非自民連立政権」（細川護熙内閣）です。この内閣は、いわゆる「政治改革」という名の新しい選挙制度（小選挙区比例代表並立制）を置き土産に、わずか八カ月で消えていきます。

不思議なことに、細川政権が倒れて間もなくのことですが、五五年体制で自民党とあれほど激しく対立した社会党、とりわけマルクス・レーニン主義に傾く左派グループがほかならぬこの資本主義の牙城自民党と密かに計って、自民党・社会党・新党さきがけによる「自社さ連立政権」（村山富市内閣）をつくります。これは、そもそも日本人にとってイデオロギーとは何なのか、思想とは何なのかを考えさせる戦後史の一大「事件」でした。その後、細川政権の遺産ともいうべきあの「並立制」による初の総選挙（一九九六年）で第一党になった自民党は、およそ三年ぶりに事実上の単独政権に返り咲くのです。

このことは、冷戦が終わり選挙制度も変わって、いよいよ日本にも政権交代を平和裏に行なう可能性がみえてきたかのような印象を国民に与えるものでした。事実二〇〇九年の総選挙すなわち「並立制」選挙としては五回目の総選挙で、戦後初めて民意（選挙）が直接政権交代を導くという時代を迎えます。

鳩山由紀夫率いる民主党がこの総選挙で大勝し（全議席四八〇のうち三〇八議席獲得）、小党の社会民主党（七議席）・国民新党（三議席）との連立内閣が形成されます。冷戦時代の体制・反体制間闘争は姿を消します。国民は選挙で体制に投票するのではなく（反体制の日本共産党などは残っているが）、同じ体制（資本主義体制）内で複数の政党がそれぞれ打ち出す政策を吟味しつつ一票を投じたのです。

民主主義の先輩格である欧米流の政権交代が、日本では戦後六四年にして初めて実現しました。本来の議会制が現実のものになったのです。しかし「現実のものになった」ということと、その「現実」が「持続し定着する」ということとは別物です。

選挙で圧勝して政権を獲った民主党が、三年後の総選挙（二〇一二年）では大敗、再び政権は自民党のものになりました（第二次安倍内閣）。問題はこの後です。自民党一党支配という、あのいささか変則的な道をまた歩み始めるのではないかという懸念、その懸念を強める事態が私たちの眼前にあるのです。今日の野党勢力の実態からすると、彼らが「政権担当」に向けて前進しているとは、到底いい難いからです。

自民党が民主党から政権を引き継いで第二次安倍内閣を組織して以来七年半（二〇二〇年六月現在）、いや、第一次安倍内閣の一年を加えれば、同一人物の首相在任はおよそ八年半、つまり日本憲政史上最長になります。この「八年半」は欧米の大統領・首相の在任期間に比べても決して長すぎるものではありません。国民の意思すなわち国政選挙の洗礼を受けて政権が続く限り、少なくとも制度論としては、その政権の長さに問題があるわけではありません。

真の問題は、五五年体制で経験したように、何十年にもわたって政権交代がなく、同じ政権与党内で権力のたらい回しを繰り返す時代をまた迎えるのかという危機感です。「権力は腐敗しやすい。絶対的権力は絶対的に腐敗する」といったのは、一九世紀イギリスの歴史家ジョン・アクトンです。民主主義社会においては、腐敗およびそれを生み出す権力濫用を防ぐための「政権交代」と、強力な外交力獲得のための「安定政権」という二項対立をどの地点でどのように折り合いをつけるのか、その責任は国民の側にあるのです。民主主義の成熟度が試されるゆえんです。

†安全保障政策を打ち出せない野党

それにしても大事なことは、第一次内閣の一年間はともかく、第二次安倍内閣の七年半が野党側の「七年半」でもあった、ということです。つまりこの七年半、果たして野党勢力は、明日にでも政権を担当する能力を整えて次の国政選挙に臨む準備をしてきたか、ということです。

致命的な問題の一つは、野党側が説得力ある現実的・具体的な安全保障政策をもつことができないということです。

例えば、二〇一二年に政権を失った民主党は、政権与党時代に実現できなかった、「憲法九条」を含む安全保障政策の取りまとめを野党に戻ってからいま一度試みているのです。しかし考えてみれば、そもそも民主党が政権を担っていた時代（二〇〇九〜一二年）でさえ、統一的な安全保障政策をもっていなかったこと自体驚くべきことです。日本の領土と一億二千万国民の生命・財産を守るべき政府政権党に、実は統一された安全保障政策がなかったのです。

いま触れたように、同党は政権離脱後、遅まきながら、この安全保障政策に関する「意思統一」のための党内調整に動きます。それは、党名が「民主党」から「民進党」になった後の二〇一六年のことでした。「改憲」と「護憲」に分断された野党第一党の民進党、そして集団的自衛権行使の「是」と「非」の対立に揺れる野党第一党の民進党、しかしこの民進党は、結局のところ党としての「統一見解」を打ち出すことは、またもできませんでした。
いつでも政権を獲る態勢にあるべき野党第一党が、国民にとって何よりも重要なこの安全保障政策を明確に提示できないということであれば、同党がそもそも政権担当の能力も使命感もないのだ、と受けとられても仕方がないでしょう。民意を拠りどころとする安全保障政策のないところに、健全な政党政治が機能するはずはありません。健全な政党政治のないところに、健全な議会制民主主義はありえません。そして健全な議会制民主主義がなければ、安全保障政策を展開する外交行動とりわけ対米行動もまた脆弱になるのは当然です。

国民に対する政権側の責任が国政選挙での公約を政策として実践することにあるとすれば、野党の責任はいつでも現政権に代わって国家権力を担うための政治基盤と政策形成力を次の国政選挙に向けて国民に納得させることです。

こう考えますと、二〇一二年に政権を自民党に奪われてからの野党第一党の民主党は、政権奪回のための準備どころか、あたかも自民党政権を助けるかのように、「政権」から遠ざかる方向に進んでしまいました。

つまり民主党は、政権を失って四年後の二〇一六年、「維新の党」と合流して前出民進党になり、その民進党は早くも一年後の翌一七年、衆議院解散（九月二八日）を直前にして三つの集団に分裂します。一部は誕生したばかりの「希望の党」に流れ込み、一部は新しく立憲民主党を立ち上げ、残りは無所属のグループになります。

かくてこの「解散」に続く総選挙（二〇一七年一〇月二二日）で、野党は六党乱立（諸派・無所属グループを除く）のせいもあって、野党のなかで最多議席を得た立憲民主党でさえ、野党第一党としては過去（「並立制」導入後）最低の議席数（五五議席）になるという惨状を呈します。野党勢力はその結集へと動くどころか、大局を見失って多くの小党が再び「わが道」を歩みはじめ、結局は政権側に〝閣外協力〟している、というわけです。

一方与党（自民党・公明党）に対して国民は、前回総選挙と同じく改憲発議に必要な議席数、すなわち全議席（四六五）の「三分の二」を超える圧倒的多数（三一三議席）を与えることになるのです。

†強力な野党の存在が必要

九六年の総選挙から始まった小選挙区重視の「並立制」の狙いは、二大政党制を基本として政権交代を一層容易にすることにあったのですが、二〇一七年のこの総選挙はまさにそれに逆行するものでした。野党が四分五裂し、一つの政権党に権力が集中してそれが恒常化する兆しをみせているのは、日本国民が本来の議会制民主主義を未だ掌中にしていないことを示すものです。

ドイツは泡沫政党を敢えて切り捨てて大政党間の政権交代（あるいは大政党と中規模政党との連立による政権奪取）の道を拓いています。比例代表で有効投票総数の「五％以上」の得票か、あるいは小選挙区の当選者「三名以上」を獲得しなければ、連邦選挙法によって議席配分はゼロになるという仕組みです。つまりドイツ国民は、議会における弱小政党の分立によって、逆にある特定政党に権力が永続的に集中することを恐れているのです。

日本で弱小政党を排除すれば、それは一部の民意を「死票化」するものとして批判されます（日本では、公職選挙法上の「政党」資格要件はあるが、ハードルは低い）。ドイツは、この種の弱小政党を生かすことよりももっと大切な価値、すなわち安定的な政権交代と民主主義の効率化のほうを選択しているのです。ドイツ国民は多党分立のワイマール民主主義体制が政治を混乱・停滞させ、結局はヒトラー政権を生んでしまったその苦い経験から学びました。同国民は、仮に自分たちが民主主義への希望を失って再び独裁へと走るようなことになれば、「最悪の事態」すなわち民意のすべてがその独裁によって「死票化」するということを知っているのです。

いずれにしても、野党が小党分立して国家権力から遠ざかれば遠ざかるほど、それだけ日本政治が脆弱になることは、いうまでもありません。逆に政権を奪回できるほどの強力な野党が存在すれば、そのこと自体、政府・与党に緊張感をもたらします。政権側が次の国政選挙でみずからを打倒するかもしれない強力な野党の存在について意識せざるをえない状況は、議会政治にとっては重要な要件です。もちろん政権交代が、外交とりわけ安全保障政策の激変を伴うものではないという前提が、ここにあることはいうまでもありません。

しかし、政権交代が安全保障政策の激変を伴うものではないとしても、与野党間で日本の安全保障政策全般、わけても日米安全保障関係の内実について議論を深めていくことは重要です。この政党間論議の過程で、日米関係の本質的部分、例えば憲法九条に絡む集団的自衛権の問題や、安保条約第五条に関連して「日米対等」とは何かという問題等々、要するに「非対称」の日米関係をどう変えていくのかという戦後史的課題に理を尽くして取り組まなければなりません。

議会で政党間対立があるのは当然としても、論理の埋没する議論は禁物です。体制についてのおおむねのコンセンサスがあれば、日米安全保障関係に関しても不毛の「神学論争」とは別に、国民の一票一票を血肉化した生産性ある議論が可能になるでしょうし、またそうでなければなりません。

2 文民統制とその前提

†民主主義の最後の砦

議会制民主主義が有効な機能を求められる主たる理由には、本書の関心からすれば、少なくとも二つあります。第一に、いまのべた通り、議会制民主主義の健全な働きがその国の外交力増強ひいては対米外交力強化に大きく寄与するからだ、ということです。第二に、議会制民主主義がどう働くかは、いわゆる文民統制（シビリアン・コントロール）の機能と密接にかかわってくるからだといえます。

「文民統制」とは、軍部（軍隊）に対する政治（文民）の優位、いやもっと正確にいえば、政治と軍部の主・従関係を意味します。もちろんこの場合の「政治」とは、民意に支えられた政治権力すなわち議会権力を示しています。S・ハンチントンは、クラウゼヴィッツの『戦争論』を引照しながら次のようにいいます。「軍人は、常に政治家に従属するものでなければならない。戦争の指導というものは、政治家の責任である」［サミュエル・ハンチントン（市川良一訳）『軍人と国家（上）』原書房、一九七八年］。

すなわち政治家が安全保障政策を組み立て、開戦・終戦への決定権をもつべきこと、一方で軍人は「最終的には政治家の決定を受け容れる用意がなければならない」(同前書)ということです。

自衛隊はそれが憲法でどう扱われようと、実態として巨大な実力装置であるという点では、軍隊と同義です。巨大な実力組織であるがゆえに、自衛隊は防衛出動・治安出動・災害派遣の分野で国民のために有用な役割を果たすことができます。しかし自衛隊は、それが巨大な実力組織であるがゆえに、その運用によっては国民にとって危険な存在にもなるのです。

したがってこの自衛隊を政治側がいかにコントロールするかが、いわゆる「文民統制」の核心となります。例えば英国では「年次法」という法律に基づいて英国防軍は「毎年議会のチェックを受け入れ、その中身を公開」します(纐纈《こうけつ》厚『文民統制』岩波書店、二〇〇五年)。

戦争の「開始」・「終結」というこのうえなく重大な決定はもちろんのこと、平時の安全保障政策もまた、あくまで政治側の主導力でなされなければなりません。政治家は機宜に応じて軍人の意見を採り入れつつ、みずから最終決定の責を果たさなければなりません。民意を基盤とする政治側が、軍部をいかなる場合にも制御することが重要です。軍部の政治介入・暴走に立ちはだかる民主主義の最後の砦、それが文民統制だからです。

†「アメリカの日本離れ」

もし日本が現行安保条約第五条を双務的な内容に変えて、「一方的依存」から「相互依存」へと安全保障政策を転換するなら、日本は米国への「一方的依存」から受けるリスク・責任とは別種のリスク・責任を背負うことになります。国家の政治的「自立」に伴う諸々の負担・責任、とくに軍事的な負担・責任が日本に加重されていく可能性は否定できません。

問題は、もし仮に軍事面での負担・責任が拡大するなら、軍事部門の権力・権限が強化されること、かくてここでも「いつか来た道」すなわち軍部専横の道が用意されているのではないかということです。この疑念は日本国民のそれにとどまりません。かつて日本軍に侵略されたアジア諸国だけではなく、戦勝国アメリカもまた、日本の軍国主義復活への疑念を根深くもっていることは事実です。

強まる軍事部門（自衛隊）の力を議会制の枠内で制御すべき文民統制なるものを、日本の政治家は最後まで手放さないといい切れるか。日本の国会は「国権の最高機関」として民主主義の理念と手続きに従って粛々と文民統制を機能させることができるだろうか。こういった極めて根源的な問いかけが改めて日本の国民・政治家に突きつけられることになるのです。

もしこれに否定的な答えが出るようなら、日米対等の「相互防衛条約」などは論外となるでしょう。軍部独裁・軍国主義が被治者にどれほどの辛酸をなめさせたか、戦前戦中のあの悲劇を知りつくしているのが日本国民です。日本の政党政治が万が一にも「文民統制」に確たる自信をもてないとするなら、これまで通り日本は、アメリカに依存し従属するあの日米非対称システムに甘んじていたほうが、国民にとってはむしろ幸せかもしれません。

ただしここで、重要な問題に私たちは留意しておく必要があります。アメリカは、この日米非対称システムについては、そこに国益を見出す限り、これを維持・増進しているにすぎないということです。裏を返せば、もしアメリカがこの非対称システムにみずからの国益を見出せなくなったとき、このシステムを主導してきたアメリカは、まさにその主導的外交力を駆って同システムを弱体化し安保条約を解消することもできるのだ、ということです。

「アメリカの日本離れ」も、米国安全保障政策の選択肢の一つであることは、決して荒唐無稽の話ではありません。ジェラルド・ベーカー（ウォール・ストリート・ジャーナル編集局長）の最近の発言は、この文脈に照らして大いに示唆的です。「北朝鮮が（大陸間弾道ミサイルを）保有した場合は日米同盟の力が弱まる」「サンフランシスコが核兵器で壊滅させられるかもしれないのに、米国が日本や韓国を防衛する見込みはまずない。同盟の力は弱まり、日韓は非常に脆弱《ぜいじゃく》になる」（朝日新聞、二〇一七年五月二二日付、括弧は原）。

最近（二〇一九年六月）トランプ大統領は、米国メディアのインタビューに答えて、ベーカーとは違う角度からこう発言しています。「日本が攻撃されれば、米国は第三次世界大戦を戦う。我々は命と財産をかけて戦い、彼らを守る」「でも、我々が攻撃されても、日本は我々を助ける必要はない。彼らができるのは攻撃をテレビで見ることだ」（朝日新聞、二〇一九年六月二七日付）。

トランプは安保条約を念頭に置きつつ、集団的自衛権行使によって日本を守る米国と、米国を守る義務のない日本との「不平等」を強く批判し、「安保破棄」にまで言及しているのです。安保条約第五条によってアメリカに一方的な「対日負担」がかかっても、日本を「保護国」にする利益のほうがこの「対日負担」を補って余りあるこれまでのアメリカは（第五章）、いまや国力の相対的弱体化のなか、同盟国を一方的に防衛することの余裕をなくしはじめているのかもしれません。

アメリカがみずからの国益のためには日本を軽視し、場合によっては見捨てることがあっても、決して不思議ではありません。トランプ発言はこれを直截に示しているのです。国際政治が一般に考えられている以上に過酷なまでに国益争奪の場であることは、いまさらいうまでもないからです。

†自衛隊と「政治介入」

「アメリカの日本離れ」が少なくともしばらくの間現実のものにはならないとしても、第四章の「尖閣問題」とも関連するのですが、「アメリカの日本離れ」への不安感が日本の対米迎合を強めるとともに、日本の防衛力強化を促すことは十分ありうることです。また、先ほどのべたように、米国への「一方的依存」から米国との「相互依存」へと変わるプロセスでみられるであろう防衛力強化は、日本軍事部門の権力強化を導くでしょう。その際民主主義の最後の砦としての「文民統制」は有効に機能するだろうか、という疑問が改めて浮上してくるに違いありません。

いずれにしても、戦前戦中の軍国主義、いやそこまでいかなくとも、軍事が政治に介入するという状況を日本の議会制民主主義は確実に抑止できるだろうか、という深刻な疑念が出てくることはありえます。

最近こんな事例がありました。二〇一八年四月のことです。防衛省統合幕僚監部に所属する三等空佐（三佐）が国会議事堂近くの路上で民進党の参議院議員に対し、議員本人と確認したうえで、そしてみずからの身分を名乗ったうえで、「お前は国民の敵だ」と罵った事件です（朝日新聞、二〇一八年四月二〇日付）。

この暴言事件が報道されるや、防衛相は「若い隊員なので様々な思いもある」と発言して三等空佐を擁護します。後に防衛相は各方面からの批判を受けて、同三佐の行状を「不適切」として前言を撤回します。しかしこの事件は、その「暴言」が公務外のものとはいえ、政治家を侮蔑する隊内気分を反映していないとはいえないでしょう。暴言を浴びせられた政治側が、「文民統制」を守るみずからの固い決意ないし意思を国民に明示しなかったことは、逆に日本における「文民統制」の脆弱性を象徴しているといえます。

「お前は国民の敵だ」といった自衛官の暴言が単なる偶発的な振る舞いでなかったことは、これより少し前の一連の事象をみれば分かることです。例えば二〇〇二年四月の海上幕僚監部の独断的な「対米工作」などは、戦後になっても日本の「文民統制」がいかに危ういものであるかを示しています。海幕幹部が政府を通さずに独断で在日米海軍の司令官と会談し、米側に次のように密かに働きかけます。

すなわち米国主導のイラク戦争開戦（二〇〇三年）を前にして、海上自衛隊のイージス艦やP3C哨戒機のインド洋派遣を米側から日本側に要請してほしい、というものです（朝日新聞、二〇〇二年五月六日付)。みずからの実績づくりと功名心のために、政府・議会を無視した海幕の独善的行動ではありました。

この海幕の対米裏面工作は、米政府の受け入れるところとなります。実際、あの海幕側と米海軍司令官との会談から間もなくのこと、日本政府・与党幹部に対して米政府はイージス艦などの派遣を非公式に要請するのです(日本政府は結局のところこれを拒むのだが——同前紙、同日付)。

新憲法下におけるこの種「文民統制」逸脱の事例は、少なくありません。自衛隊の責任が問われるべきは当然としても、それ以上に重い責任を負うべきは政治の側でしょう。政治家が真の民主主義をみずから血肉化して「文民統制」を守り抜く覚悟と勇気をもっているのか、という国民の懸念は拭い切れません。

†三矢研究の衝撃

ただ、こういった「懸念」を生む事例は、以前からありました。その最も典型的なものの一つは、いわゆる「三矢《みつや》作戦」計画(略称「三矢研究」。正式名は「昭和三十八年度総合防衛図上研究—三矢研究—実施計画」という)でしょう。同「計画」は、一九六五年社会党の岡田春夫によって衆議院で暴露され、当時の佐藤栄作政権に大きな政治的ダメージを与えました。

「三矢研究」とは、自衛隊制服組が、朝鮮半島に武力紛争が発生しこれが日本に波及するケースを例題として、一九六三年二月から同年六月までの期間、日本防衛のための自衛隊運用とそれに関連する措置・手続きを研究したものです。もちろん関連文書は「極秘」扱いです。

この「作戦」は、統幕最高幹部の主導によって、佐官・尉官を含む八四名が同「研究」に参加します。その研究成果は全部で五分冊、一四〇〇ページの文書となって完成されます。

同「計画」の内容は、例えば徴兵・徴用・海外出兵の他に、戒厳の施行や日米共同作戦、さらに安保条約における「核持ち込み」を含めて「事前協議」規定を一括して事前承認するなど、超法規的な戦時体制づくりをするというものです。しかも「超法規」の批判を避けるために、いざ有事になれば非常立法八七件をわずか二週間で国会を通過させる、というものです。

いやしくも国家が国家である限り、万が一の非常事態に備えて国民・領土・政治経済体制を守るための軍事的・政治的対応策をあらかじめ研究・錬成しておくことは重要です。個人の「非常時」ならともかく、一億二千万人の生死にかかわる「非常時」ともなれば、それが「万が一」の蓋然性しかないとしても、国家はその対応策をあらかじめ用意するのは当然です。

しかし、「三矢研究」は、「戦時体制」の名の下に違憲・強権的に総動員体制を合法化してしまうという、ある種クーデター計画にも転用できる代物です。問題は、その内容の危険性もさることながら、これほど大規模な「極秘」研究の主導権を、果たして政治側が終始握っていたのか、それとも制服組が握っていたのかということです。

換言すれば、この「極秘」研究が、自衛隊最高司令官たる総理大臣、防衛庁長官、そして防衛参事官（二〇〇九年廃止）といった政治側の権限下で進められたのかどうか、ということです。この設問に確信をもって「イエス」と答えられないところに重大な問題があったのです。纐纈厚は、防衛庁長官ら政治側が「このような制服組幹部の時代錯誤的な動きを事前になぜチェックできなかったのか」として、文民統制の脆さを強調しています（纐纈、前掲『文民統制』）。

†「クーデター研究」の意味するもの

文民統制の脆さといえば、これまで自衛隊には「クーデター」の噂や、実際に「クーデター研究」騒動などがありました。後者については、一つの事例が想起されます。陸上自衛隊幹部学校の自衛官有志が「兵学研究会」なるものを密かにつくり、そこで「クーデター研究」を行なったというものです。一九六六年から五年間ほど同研究は続けられ、その成果は一九七一年「国家と自衛隊」という論文としてまとめられます。

もちろんこの論文は、「兵学研究会」を中心とする小集団内の秘密文書として共有されていました。ところが一九七五年社会党衆議院議員の楢崎弥之助が国会でこの秘密文書を暴露したことによって、その全体像が明らかになったというわけです。

「国家と自衛隊」というこの論文は、社会がある一定の状況になれば、自衛隊主導のクーデターが単なる夢物語ではなくなることを示しています。同論文はこう主張します。「もし万が一政治の統制が十分に末端まで機能を果し得ない場合、矢張何かの価値基準なり物差しなりを確立し、日本の特性に相応わしい自衛隊の行動をとる事が必要な場合もあろうと思います」(『軍事研究』一九七五年五月号、軍事研究社)。同論文がいわゆる「クーデター研究」とされるゆえんです。

「国家と自衛隊」はこうもいいます。「自衛官こそは正しく一身を犠牲にして国家と民族の危機を救い、その発展を蔭で支える礎石であろうと自負しております」。自分たちこそ国難の救済者であるという思いあがり、その「思いあがり」こそ、戦前戦中にみられたように、あらゆる他者を排斥して軍部独裁の道をつくるのです。

「思いあがり」の心底にあるのは、「我と他者とは違うのだ」というあの特権意識です。

同論文はこうも主張します。「この我々の使命観と昭和元禄の社会風潮に蝕ばまれた国民意識との間には、余りにも大きなズレがあり、価値観の差があります」(同前誌)。つまり彼らがいう国民大衆の「観念的平和論」・「私益優先」・「個人的幸福主義」への大いなる不満が、ここに映し出されているのです。

クーデターの「大義」は、こうして打ち立てられていきます。クーデターの先に軍部独裁があり、軍部独裁のその先には、軍部が「軍拡」を手にしつつ戦争の誘惑に駆られることもないわけではありません。

もちろんこうした筋道は、筆者が「論理的にありうる」といっているにすぎません。しかし政党政治家の資質が劣化し、議会制民主主義が本来の役割を果たしえなくなれば、この軍国主義に至る「論理」は、現実のものになるのです。つまり重要なことは、「文民統制」を有効に作動させる政治側(議会制民主主義)の力量の問題に帰する、ということです。

国家には、その内容に議論はあるにしても、非常時法制なるものがあって当然です。しかし日本では、先の「三矢研究」やいわゆる「栗栖発言」(「非常時には超法規的行動をとらざるをえない」という、一九七八年の栗栖統幕議長の発言)など制服組の不穏当な動きがあってはじめて政治側が「有事法制研究」へと向かうのですから、やはり順序が逆です。順序が逆であるというこの事実は、それ自体政治側の怠慢を示すと同時に、政治側に対する制服組の軽視を増長するであろうことは間違いありません。

†有事への備えと文民統制の固守

半世紀以上にわたって国家国民がみずからの有事に備える法制度をもっていなかったこと自体、普通のことではありません。前出「非自民連立政権」(細川内閣)の運輸相であった社会党幹部の伊藤茂は、折からの北朝鮮「核危機」(一九九三～九四年)に遭遇して狼狽《ろうばい》します。そしてこう呟きます。「一体、この国はなぜ、こんなことになっているんだ」「やっぱり、強力なる万年野党の社会党がいて、憲法論議で何にもすることができなかったからなのか」(船橋、前掲『同盟漂流』)。

伊藤運輸相は「朝鮮有事」に際して、邦人救出のための巡視艇派遣の問題や、北朝鮮からの大量難民が日本に押し寄せてくるのではという問題に直面します。彼がこのとき、「緊急立法か超法規的措置しかない」という事態に追いつめられていたことは事実です(同前書)。伊藤のこの窮境は、「非常事態」の備えのない国家が、ほかならぬその非常事態に巻き込まれたとき、政治指導者が、いや国民ひとり一人がどんな状況に置かれてしまうかをはしなくも露呈したといえます。

国家国民が「有事」に備えてなすべきことをなさないこの不作為は、あの日米非対称システムへの日本側の依存心のゆえなのか、それとも文民統制を守るべき政治家の覚悟と力量にそもそも国民が信頼を置いていないためなのか、いや国民自身が軍国主義を排除してみずからの力で民主主義を育てていく自信をもつことができないためなのだろうか。

いずれにしても「文民統制」とは、制服組の圧力で政治が動くのではなくて、あくまで政治側が独自の見識に立って安全保障政策を作成・実践することを意味します。その際、政治側が軍事の専門家集団である制服組と十分意思疎通を図るべきはいうまでもないことです。もちろん、軍事部門が最終的には政治の統制に服すべき存在であるという点で、政治側からの妥協があっていいはずはありません。

国民はもとより、その国民が議会に送り出す政治家、その政治家が選ぶ首相、そしてその首相が任命する政府閣員が、「文民統制」すなわち「議会統制」を固守するという強い決意と高い見識をもし仮にもつことができないなら、その国民も国家も、そもそも自衛力を含めて、およそ軍事力をもつ前提条件を最初から欠くものだということになります。

しかも重要なことは、アメリカがこの日本の「文民統制」に静かなそして深大な関心を寄せているということです。これまでのべてきたように、近隣アジア諸国と同様アメリカもまた、日本の議会主義が弱まって「文民統制」が脆弱化し、「軍国主義」が再び復活することを強く警戒しているのです。この警戒が強くなればなるほど、アメリカは日米非対称システムを強化していくでしょう。つまりアメリカはみずからが日本を必要とする限り、在日基地機能をさえ使って日本を注意深く見守り（あるいは監視し）つつ日米非対称システムを強化していくことは十分ありうることです。

3 「靖国問題」と歴史認識

†右傾化と戦前回帰

ウィンストン・チャーチルが次のような警句を吐いたことがあります。「民主主義は最悪の政治形態だといってよい。いままで試されてきた他のすべての政治形態を別にすればね」。つまり民主主義は、必ずしも理想の政治体制ではないということです。民主主義は時に衆愚政治に堕し、時に政治の効率を損ねて停滞し、かくてこの民主主義への失望がえてして独裁を呼び込むという逆説を演じることさえあるのです。

それでも私たちは民主主義を選びます。なぜなら民主主義は、ともすれば暴走しやすい権力を抑えつつ民意を優先する政治システムをもっているからです。

ただここで留意すべきは、「曖昧な国民性」といわれる日本人が、とりわけ政治の分野では、ともすれば極端から極端へと走る傾きがあることです。これは民主主義にとって好ましいことではありません。

なぜなら、極端な政治は、例えば左翼でも右翼でも、必ず強権を伴って独裁へと傾き恐怖政治を招来するからです。民主主義の真髄が、権力をバランスよく行使する中庸・中道の政治にあるとするなら、第一節でみた「議会制」の硬直性、そして前節でみた「文民統制」の脆さからも明らかなように、日本の民主主義が盤石であるといい切ることはできません。

冷戦中に相当の勢力を誇っていた左翼（社会党左派・共産党・極左など）の「反体制」エネルギーは、冷戦崩壊とともに減殺され、反面保守陣営はそのウィングを左へ右へと延ばしていきました。二一世紀に入るや、とくに政権党の自民党は、野党勢力が弱ければ弱いほど、野党勢力の政策をむしろ取り込んでみずから包括政党として中道化しました。しかし重要なことは、同党が一方でその本源的性格としての「戦前回帰」の側面をさらに強めて右傾化していったという事実です。

自民党およびその周辺勢力の一部に根を張るこの「戦前回帰」の傾向は、例えばいわゆる「靖国問題」に典型的に現われています。「靖国問題」は、明治以来国家管理下にあった靖国神社が、敗戦直後に（一九四五年一二月）発せられたＧＨＱの「神道指令」によって民間の一宗教法人に格下げされたことから始まります。

中曽根首相による靖国公式参拝

この「神道指令」の核心は、先の戦争の元凶となった国家神道を廃棄すること、そして「政教分離」をすることにあります。ただし、宗教法人になった全国ほとんどすべての神社（八万六千社余り）は、新しくつくられた神社本庁（宗教法人）の傘下に入り、各地の護国神社もこの神社本庁の下に集められました（田中伸尚『靖国の戦後史』岩波新書、二〇〇二年）。

明治以来天皇と特別の関係にあった靖国神社は、神社本庁から独立したいわば単位の宗教法人として、GHQから辛くもその存続を許されました。しかし注目すべきは、国家神道が以上のように組織上はGHQの絶対権力によって廃止されたとはいえ、神社界はその精神・教義においては戦後も依然として旧態のまま生き残ってきたということです。

洗建《あらいけん》はこういいます。「神社本庁の戦後の運動は、『建国記念の日』（紀元節）の復活、靖国神社の国家護持、剣璽御動座《けんじごどうざ》復活、元号法制定、大嘗祭の執行など、政治がらみの信仰運動が多く、それは保守政治家（神社本庁の政治組織、神道政治連盟に加入する議員達）を通じて大きな影響力を行使している」（洗建・田中滋編『国家と宗教〈下〉』法蔵館、二〇〇八年）。

「政教分離」は、新憲法の核心的な原則の一つです。第二〇条一項は「信教の自由は、何人に対してもこれを保障する。いかなる宗教団体も、国から特権を受け、又は政治上の権力を行使してはならない」と定めています。

「靖国問題」が外交的・政治的争点として浮上したそもそもの発端は、一九八五年の終戦記念日に首相中曽根康弘が、民間の一宗教法人である靖国を「公式参拝」したことにあります。このことが憲法二〇条に触れるのは明らかです。

戦後、首相の靖国参拝は吉田茂（一九五一年一〇月）を嚆矢《こうし》として、ときに「私人」の立場で、またときには公私の区別を曖昧にして行なわれてきました。しかし「戦後政治の総決算」を目指す中曽根は、「（首相が）戦後といえども公式参拝をしないことは『国家が英霊に対して契約違反をしている』ことになる」と考え、戦後初の公式参拝に踏み切ったのです（五百旗頭薫他編『戦後日本の歴史認識』東京大学出版会、二〇一七年、括弧は原）。

しかも中曽根の「公式参拝」には、違憲問題のほかに、いま一つの難問が含まれていました。いわゆる「歴史認識」にかかわる国際問題です。つまり同首相の「公式参拝」は、まず中国、韓国、さらにはシンガポールなど東南アジア諸国からも反発が起こります。「日本が軍国主義復活を狙っているのではないか」という疑いが、これらの国々に共通する感情でした。

実はこの中曽根参拝のはるか以前に、すなわち前記吉田の初参拝の一年後（一九五二年一〇月）のことですが、昭和天皇が日本の主権回復を機に靖国を参拝します。しかし昭和天皇は一九七五年に八回目の参拝を行なったのを最後に、そして以後の天皇（現在の上皇）もまた一度としてこの靖国を訪れることはありませんでした。昭和天皇が靖国参拝を拒んだ理由は、宮内庁長官富田朝彦の「メモ」によれば、どうやら松平永芳宮司主導による靖国の「A級戦犯合祀」（一九七八年一〇月）に天皇が「不快感」をもったことにあるようです（日本経済新聞、二〇〇六年七月二〇日付）。

いずれにしても、この「A級戦犯合祀」が、とくに中国・韓国の「反日」感情を一層強く刺激したことは間違いありません。そこへもってきて、中曽根首相の「公式参拝」が行なわれたというわけです。

†首相の靖国参拝に対するアメリカの反応

しかし結局のところ首相の「公式参拝」は、この中曽根を最後に今日まで途絶えています。アジア諸国からの厳しい反発があったからです。かくて中曽根内閣は、東京裁判で死刑判決を受けたA級戦犯についてはその「分祀」を靖国側に逆提案しますが、靖国はこれを拒否します。つまり靖国神社は、一方で民間の一宗教法人である立場を盾にして国家の関与を排除し、他方で民間の一宗教法人でありながら、その「特別の立場」を利して天皇の参拝を依頼するという二つの顔を使い分けてきたというわけです。

こうして中曽根首相の「公式参拝」から一一年後（一九九六年七月）の橋本（龍太郎）首相による参拝を経て、時代は二一世紀を迎えます。新世紀に入るや、再び「靖国問題」が日本内外とりわけ国際問題として激しく燃えさかります。二〇〇一年八月の終戦記念日二日前（一三日）、小泉純一郎が事前の公約通り首相就任後初の靖国参拝を果たしたからです。これに対する中国・韓国などの反発は、これまでにも増して激しいものでした。

対日政策でつねに揺れ動く中国・韓国が、日本の「歴史認識」を対日外交戦略における一つのカードにしている部分は否定できません。中国・韓国の「反日」外交は、対米関係を含む国際情勢の変転に応じてその都度日本の「歴史認識」を利用しつつ姿を変えていくという側面があるからです。逆に日本からすれば、「歴史認識」の問題はそれが太平洋戦争にかかわる歴史解釈の問題でもあるだけに、賠償ないし補償など目にみえる戦後処理とは異質の厄介な性格をもつことになるのです。

かくて注目すべきは、「同盟国」アメリカの反応です。第二次安倍政権が誕生して一年を経た二〇一三年一二月、米国は首相の靖国参拝についてこれを批判する異例の声明を出します。つまり「日本の指導者が近隣諸国との関係を悪化させるような行動を取ったことに、米国政府は失望している」（朝日新聞、二〇一三年一二月二七日付）というのです。

また米議会調査局の二〇一三年度報告書は、首相の一連の言動が「日本の侵略などの歴史を否定する修正主義者の見方を持っていることを示唆している」とのべています（同前紙、同日付）。こうした米国側の発言は、日本首相の靖国参拝を「戦後国際秩序への挑戦だ」と主張するロシア政府の立場と軌を一にするものでした。

†「心の問題」ではなく「国家意思の問題」

靖国参拝を「心の問題」とする政治指導者は、首相在任中の小泉純一郎をはじめ少なからずいます。確かに「心の問題」としての「信教の自由」は先述の憲法二〇条をもち出すまでもなく、個人が享受（あるいは行使）すべき最も根源的な自由の一つです。そして何よりも「国のため」・「天皇のため」に死地に消えた兵士をそれぞれの宗教の流儀に従って祀《まつ》ることは、残された人々の自然な感情でしょう。

しかし国家国民の「利益」ないし「運命」を預かる政治指導者が、民間の一宗教法人である靖国を参拝すること自体、しかも「A級戦犯」を祀っている靖国を参拝すること自体、これを個人の「心の問題」として片づけるのは短絡に過ぎます。なぜなら「靖国参拝」は、それがひとたび国際社会という名の客観世界に投げ出されるや、「心の問題」だという指導者たち個々人の主観は吹き飛ばされ、客観的には日本の「国家意思」、つまり「政治の問題」として世界に受けとめられていくからです。

日本指導者の靖国参拝がアジアからだけでなく、「同盟国」アメリカにまで批判され、しかもこれらの批判に共通する理由が「日本は先の侵略戦争を正当化している」ことにあるとなれば、事の深刻さは無視できません。

R・ニクソン米副大統領が来日したのは一九五三年ですが、その折日本政府の勧めた靖国訪問を同副大統領が拒否したのは、いかにも象徴的です（毎日新聞「靖国」取材班『靖国戦後秘史』角川ソフィア文庫、二〇一五年）。アメリカ側のこうした対応は、基本的には今日に至るも変わってはいません。もしこうしたアメリカの方針に対して、日本側指導者のなかに反論があるなら、彼らには相手を説得する独自の論理と言葉がなければなりません。

米国の政策決定者たちが日本指導層の言語行動に苦言を呈したことは、前章（第五章）で指摘した通りです。日本人の「婉曲な表現」は米国との対話を困難にすること、そして「率直なシグナルを送ること」は「無遠慮なことではない」と日本人はみずからよく知るべきだ、というのです。世界を納得させる論理と言葉を置き去りにして、靖国参拝という行動だけが先行すれば、この日本指導者たちの「言葉不足」がますます日本の国益を損なうことになるでしょう。熊谷徹のいう「歴史リスク」が日本にのしかかってくるからです。

†「過去との対決」は国益のため

「歴史リスク」とは、戦争被害国から歴史認識を批判されて、外交・経済関係が悪化し国益が損なわれる「リスク」をいいます（熊谷徹『日本とドイツ——ふたつの「戦後」』集英社新書、二〇一五年）。この「歴史リスク」を最小限に抑えるために最大限の努力を払ってきたのが、ドイツです。

ドイツが「過去との対決」を積極的に行なってきたのは、よく知られています。しかもドイツ側からすれば、それは「他国のため」ではなく「自国（国益）のため」だというのです（同前書）。ドイツの指導者たちにとって「過去との対決」は、個人の「心の問題」としてよりも、いわば「国益の忠僕」としての責任であるといってよいでしょう。

それに比べると日本の政治はこの「歴史リスク」に鈍感であり、いわば主観主義という名の「思い込み」に陥っているといわざるをえません。政治家・閣僚そして議会人が先の戦争を肯定するかのような、いわゆる「失言」（あるいは「本音発言」）が後を絶たないのも、その表われでしょう。これらの発言にその都度外国から猜疑の目を向けられ、むしろ「歴史リスク」を高めているのが実態です。

本来なら日本の政治指導者は、この「歴史リスク」をあらゆる機会を捉えて低減していかなければならないのです。しかし実際には、「歴史認識」に関連して対日批判を「同盟国」アメリカにまで許す、ということの意味は小さくありません。なぜならアメリカにとっては、みずからつくった「戦後秩序」に異を唱えるかのような日本側の言動は、そもそもアメリカ自身の「対日戦争勝利」と「対日占領政策」の否定を意味するからです。

前出（第四章）の「ナイ・レポート」で知られるジョセフ・ナイは二〇〇一年九月、その一カ月ほど前になされた小泉首相の靖国訪問に触れて、次のようにのべています。「日本が過去の問題に取り組まず、隣国との関係が悪化すれば、日本のソフトパワーを弱める。首相の参拝は、日本の利益にならない。多くの米国人は当惑している」（朝日新聞、二〇一八年一二月一二日付）。

アメリカが対日占領期から、いや占領終了後も日本の軍国主義復活に警戒の目を向けてきたことは事実です。安保条約は、米国の主たる目的すなわちソ連と戦うにあたって（冷戦時代）、あるいは極東を含むアジア太平洋地域への軍事的関与にあたって（冷戦後）在日基地を確保するためのものでした。しかし忘れてならないのは、米国にとって安保条約がいま一つの重要な目的をもっている、ということです。安保条約は、前節で言及した、日本の「文民統制」脆弱化による軍国主義復活を阻む「ビンのふた」でもあった、という点です。それはいまも変わっていません。

†「安保条約はビンのふた」——アメリカの対日警戒

第四章でのべたことですが、アメリカが対日政策で最も警戒しているのは、日本が「核武装」して「強すぎる日本」になることです。「強すぎる日本」は、当然日米非対称システムから脱しようとするエネルギーを蓄えるに違いありません。これまたすでにのべた通り（第五章）、アメリカは、「保護国日本」が「強すぎる日本」になって軍事的に独自性を強める、それも国家主義的な軍国主義に走ることを戦後一貫して恐れているのです。

つまり「戦後日本」という「ビン」のなかで軍国主義が復活しないように、また万が一復活してもそれが外に向かって暴発しないようにするための「ふた」が、すなわち安保条約だというわけです。こうしたアメリカの対日警戒心を刺激しているのが、実はこれまで触れてきた日本側の「歴史認識」、すなわちアメリカ主導による「戦後秩序」への挑戦ともいえるあの「歴史認識」なのです。

米国政策決定者たちの心底に流れる対日警戒心は、例えば一九七二年に「米中和解」を求めて訪中したニクソン米大統領が、周恩来首相を前にこう説いたことからもうかがえます。つまり、米国が日本を「丸裸の無防備状態」にするなら、日本は他国に助けを求めるか、自衛戦力の追求に向かうだろうこと、またもし米国が「日本との防衛上の協定」すなわち安保条約をもたないなら、日本がどの方向に行こうが、米国はコントロールできなくなるだろうというのです〔R・ニクソン（松尾文夫他訳）『ニクソン回顧録1』小学館、一九七八年〕。

当時熾烈な中ソ対立の渦中にあって、ソ連からいつ戦争を仕掛けられてもおかしくなかった中国は、あたかもこのニクソンの説得を受け入れたかのように、それまで激しく反対していた日米安保条約と自衛隊の存在を一転して支持する立場へと変わります（原、前掲『戦後史のなかの日本社会党』）。

つまり日本の核武装を恐れ、アジアで再び暴走する「軍国日本」を警戒するという点では、米中の国益はそれぞれ思惑の違いはあれ一致したのです。いずれにしても、米国が日本を安全保障上のパートナーにしながらも、他方でその日本の軍国主義復活（毛沢東にいわせれば「好戦的愛国主義」復活）を恐れているという立場は不変であり、二一世紀に入ってもなお続いているのです。

とまれアメリカは、みずからが日本の「歴史認識」に不信と警戒心を抱く限り、安保条約とそれに基づく「在日基地使用」の大義名分をわがものにできるのです。それどころかこの大義名分は、暗黙のうちに中国・韓国はもちろんのこと、ロシアその他の国々に日米非対称システムをどこかで了解させる力にもなっているということです。「靖国問題」に凝縮されている日本の「歴史認識」が、諸外国の対日政策にさまざまな思惑と手法でもって利用される現実がある以上、この現実を変える転機を模索することは肝要です。

†戦争総括と政治的「自立」

それにつけても想起されるのは、かつて幾代もの政権がその実現に向けて推し進めた、いわゆる「国立墓地」構想です。独立回復直後の一九五二年五月（一日）、吉田首相を総裁とする「全日本無名戦没者合葬墓建設会」がつくられます。諸外国の「無名戦士の墓」に相当する無宗教の施設建設が、その目的です。外国元首らが公式訪問できる国家管理の追悼墓を建立しようというわけです（毎日新聞「靖国」取材班、前掲書）。しかしこの「国立墓地」構想は、その後靖国神社等からの強い抵抗もあって紆余曲折、難航し、今日立ち消えになっています。

この種の「歴史認識」に絡む「靖国問題」が戦後七五年経っても、なお解決できていないという現実は一体何を意味するのでしょう。「先の戦争」の総括が東京裁判（アメリカ）によってのみなされ、これとは別にこの戦争の当事者である日本人がみずからの戦争を総括しなかったその〝ツケ〟が、今日諸々のひずみとなって表出していることだけは確かです。

満州事変（一九三一年）・日中戦争（一九三七年）・太平洋戦争（一九四一年）・敗戦（一九四五

年）に至る過程で、この過程をつくった歴史の「現実」とは何であったのか、それは何を意味するのか。政策・戦略の失敗があったとすれば、その責任はどこにあるのか。愛憎・イデオロギーを越えて多角的・多次元的な、そして何より客観的な議論があってこそはじめて、国家国民の政治的「自立」ないし政治的「主体性」を一歩進めることができるというものです。旧西ドイツの大統領R・ワイツゼッカーはかつて（一九八五年）こう喝破しました。「過去に目を閉ざす者は現在にも盲目になる」。

あとがき——結びに代えて

戦後日本は、そもそもの始点から国際政治の大波に洗われました。日本がポツダム宣言の要求する「無条件降伏」を受け入れて米占領下に置かれたその瞬間から、戦勝国アメリカによる強権的な対日支配がいち早く定型化されます。圧倒的な占領権力によるこの定型化された米日間の支配・従属の関係こそ、本書のキーワードすなわち「日米非対称システム」の原型といってよいでしょう。この非対称システムは、日米間に渦巻くあらゆる形の権力関係を包摂し差配する最上位の政治システムとして、戦後七五年を経た今日に至るもなお、その姿形こそ変われ、依然健在なのです。戦後日本の「国のかたち」が一貫して日米非対称のダイナミズムによって造形されていったことは、むしろ理の当然といえましょう。

日米非対称システムが、なぜこれほどまでに長らく続いているのか。その最大理由の一つは、日米非対称システムが敗戦国日本の「不満」・「要求」に一定程度応えつつ、みずから柔構造化していったということです。アメリカのいわば「適応」の政治術が、日米非対称システムの長命を助けたというべきでしょう。

しかし、本書を書き終えた筆者の感慨は複雑です。日米非対称システムという名のいわば一つの仮説が、決して短くはない戦後日本の「七五年間」を丸ごと射程に捉えることができるとなれば、このこと自体、日本にとっては、ある種冷たくも皮肉な現実を物語っているからです。つまり、第二次大戦終了から今日に至る世界の七五年が激動に激動を重ねて変貌しているにもかかわらず、米日間の支配・従属関係を内蔵したこの日米非対称システムだけは、同じ七五年の間本質的には変わっていないということです。この日米非対称システムの桎梏から抜け出ていない日本に視点を置く限り、日本の「戦後」はまだ終わってはいないのです。

もちろん、二一世紀の世界が今後激しく変容すれば、日米非対称システムも、したがって日本の「戦後」も、やがては終焉するでしょう。七五年間続いたものが七六年目にもそこにあるとは限らないのが、歴史というものです。例えば、六九年間存続したソ連邦（一九二二年成立）の崩壊（一九九一年）が示しているように、ある体制の「終わり」は突発的・偶発的に起こるのではなく、一定の理由と過程があってはじめて私たちの目の前にその姿を現わすのです。ただ、私たちにはそれがみえていなかっただけです。普段その存在が当たり前と考えられている日米非対称システムもまた、実のところそれを打ち壊す「歴史のマグマ」を日々その〝地下〟に溜めこんでいるとしても不思議ではありません。

アメリカはいまや、国力の相対的な衰退とともにパックス・アメリカーナ（アメリカによる平和）への意欲を失いつつあります。最終章で触れた通り、トランプ大統領は昨年（二〇一九年六月）安保条約第五条を念頭に、集団的自衛権を行使して日本全土を守る米国と、米国を守る責任のない日本は「不平等」の関係にあると断じています。そしてあろうことか、日本を威嚇するかのように「安保破棄」をさえ口にしています。

同じ昨年六月のことですが、同大統領は、イランの核開発をめぐる米国・イランの緊張関係のなか、こう主張します。「日本は原油の六二％を（ホルムズ）海峡経由で輸入している。なぜ我々が他国のために無報酬で航路を守っているのか。自国の船舶を（自国で）守るべきだ」（朝日新聞、二〇一九年六月二九日付）。利益を得るものがそのための犠牲も払うべきだ、これがトランプ政権だけでなく米国歴代政権の当然といえば当然の論理なのです。

アメリカは、日米非対称システムとりわけその下位システムである安保条約の「存続」が、総合的にみて同国「国益」に甚大な損傷を与えるとなれば、同国は躊躇《ちゆうちよ》なく対日関係のあり方を大きく変更するでしょう。場合によっては、トランプのいう通り「安保破棄」も全くありえない話ではありません。日米非対称システムを習い性として生きてきた日本は、このときはじめてみずからの「戦後」が本当に終わったことを思い知るでしょう。

一方、日本はみずから主体的に日米非対称システムを改変ないし離脱することができるでしょうか。日米非対称システムのなかにあって、劣位の日本が優位のアメリカを説得して同システムを改変もしくは離脱しようとしても、それ自体不可能ではないにしても、極めて困難であることは多言を要しないでしょう。日米非対称システムについては、客観的にみて、おおむねアメリカ側にその生殺与奪の権があることは間違いありません。

しかしそれでもなお、もし仮に日本がその主導力をもって「対米依存」・「対米従属」の歴史的慣性から脱したとしても、問題は、そのとき果たして日本が国家国民を守るため、すなわち安全保障のための主体的な構想力・実践力をもち合わせているだろうか、ということです。もし不幸にもその答えが「不可」と出るなら、いや「不可」を出さないようにするためには、この相互依存の国際社会で国家国民が極端な民族主義を排してバランスある「自立性」を身につけるという、とりわけ日本人には苦手な行動規範を、まずはわがものにしなければなりません。はっきりしているのは、安全保障面で負担・リスクを引き受けずに国際社会を生きていくとなれば、「従属」という代償を払って他国に「依存」するほかに道はないということです。

そもそも今日の濃密な国際関係において国家の政治的「自立」なるものが、国家の「孤立」とも国家の「独善」とも異なることは明らかです。国家国民の政治的「自立」は、それと一見矛盾するかにみえる「相互依存」(「相互負担」)の安全保障関係を多くの国々と結ぶことによって可能になるでしょう。

その際第一に考えるべきは、もちろんアメリカとの関係です。さまざまな問題があるにせよ、日本がアメリカとの安全保障関係を断ち切ることは非現実的であり冒険主義であり、決して合理的な判断とはいえないでしょう。かくて日米関係を続けていくには、両国安全保障を新しい形に改変していくという難事のなかの難事を日本外交が抱えていくであろうことは当然です。日米間の非対称システムをできる限り相互依存の対称システムへとパラダイム・シフトさせる、つまり「対日優位」のアメリカが必ずしも望まない道を日本が追い求める、その外交努力を途絶えさせてはならない、ということです。

その場合重要なのは、日本が戦後七五年間自由と民主主義の理念をアメリカと共有してきた、ということです。自由と民主主義に定礎された政治経済体制を守ることが、国民の生命や領土の防衛とともに日米それぞれの死活的国益であることは間違いありませんし、この点において日本とアメリカが一致しないはずはありません。だからこそ日本は、アメリカとの安全保障関係、それも非対称ではなく対称の日米関係構築という最も困難な課題に挑戦すべきなのです。

第二に考えるべきは、国家国民の安全保障が、文字通り「多国間相互依存」によって実現されなければならないということです。日本がある特定国（アメリカ）と相互防衛関係をもつと同時に、他方で多くの国々とりわけアジア太平洋諸国との双務的な依存関係を築くなかで、みずからの「安全」を確保すべきでしょう。

アメリカ一国とのみ安全保障関係を結んできた日本、しかも戦後の最初から日米非対称システムという特異な政治的枠組みに組み込まれてきた「戦後日本」を変えるためには、安全保障面におけるいま一つの装置、すなわちアジア太平洋における多国間相互依存ネットワークの構築が強く望まれます。アメリカを含めてアジア太平洋諸国による集団防衛体制を築く方向へと進むべきでしょう。そうなれば、日本が集団的自衛権の行使をはじめとして、他の加盟国と同等の軍事的負担を負わねばならないのは当然です。

アジア太平洋諸国と集団防衛体制を組む場合に留意すべきは、日米関係とは打って変わって、参加国に価値観の共有を求めないことです。NATO（北大西洋条約機構）は冷戦時代とくにそうでしたが、冷戦後もある一定の価値すなわち自由と民主主義のゆるやかな共有に基づいて成立しています（近年、東欧諸国の一部で反民主主義への動きはあるが）。

しかしアジア太平洋地域の多国間安全保障体制への参加国は、その経済発展段階において、政治体制において、そして宗教や文化においてそれぞれ異なるのですから、これを同質化することは土台無理な話です。それよりも、体制・宗教等々の「相互不可侵」・「相互不干渉」の原則に立って、主として「安全」という名の価値に共通の国益を見出す、その一点において集団防衛体制の可能性を追求しなければなりません。いい換えれば、日本がみずからの安全保障を多次元的に担保するとともに、負担・リスクを多方面に分散することによって、国家として最大限の「安全」を確保すると同時に、最悪の事態を回避することが重要なのです。

もちろんそのためには、日本がこれまでにも増して、いやこれまでのレベルをはるかに超えた外交力でもって、日米安全保障関係への取り組みと同様、このアジア太平洋集団防衛体制の構築に向けて主導権を行使しなければなりません。外交力こそ、安全保障政策の最大の武器なのですから。

ところで本書が上梓されるこの二〇二〇年という年は、戦後史における節目の年でもあります。敗戦七五周年、そして岸信介による「安保改定」からちょうど六〇年目になります。戦後日本の重要な歴史の〝句点〟ともいうべきこの「二〇二〇年」という地点で、いま少し戦後日本の「国のかたち」に思いをいたすのも、意味なしとはしないでしょう。

将来いつの日か日本が「戦後」を終えて新しい時代を迎えるとき、いやそれを待たずとも、「戦後日本」と「戦後日米関係」の接合のありようをまさしく「いま」考えるとき、読者諸賢がそれぞれの立場から、本書のなかに「歴史からのメッセージ」を少しでも汲みとるものがあれば、本書の目的は辛くも達成されたということになるでしょう。

本書がこうして世に出るまでには、多くの方々から貴重な助言を頂戴しました。安全保障、憲法その他の専門家から率直な知見を出していただいて意見交換する機会を得たことは、何よりも幸運でした。お名前を挙げることは控えますが、ご協力いただいた方々に厚くお礼申し上げます。

宮下明聡氏、平良好利氏には、本書の内容について有用なアドバイスをいただきました。また鈴木恵理子氏には資料の整理等でお世話になりました。これらの方々に深謝します。

ちくま新書編集長の松田健氏には、新型コロナウイルス流行の渦中にもかかわらず、本書上梓に至るまで熱心に仕事を進めていただきました。記してここにお礼申し上げます。

いつものように今回もまた、妻・百合子は筆者の口述をパソコンに打ち込んでくれました。長年の労苦に「ありがとう」を伝えたいと思います。

二〇二〇年七月　新型コロナウイルス禍のなかで

原　彬久

巻末資料

1 日本国とアメリカ合衆国との間の安全保障条約（旧安保条約）

昭和二六年九月八日サン・フランシスコ市で署名
昭和二七年四月二八日効力発生
昭和三五年六月二三日失　効

日本国は、本日連合国との平和条約に署名した。日本国は、武装を解除されているので、平和条約の効力発生の時において固有の自衛権を行使する有効な手段をもたない。

無責任な軍国主義がまだ世界から駆逐されていないので、前記の状態にある日本国には危険がある。よつて、日本国は平和条約が日本国とアメリカ合衆国の間に効力を生ずるのと同時に効力を生ずべきアメリカ合衆国との安全保障条約を希望する。

平和条約は、日本国が主権国として集団的安全保障取極を締結する権利を有することを承認し、さらに、国際連合憲章は、すべての国が個別的及び集団的自衛の固有の権利を有することを承認している。

これらの権利の行使として、日本国は、その防衛のための暫定措置として、日本国に対する武力攻撃を阻止するため日本国内及びその附近にアメリカ合衆国がその軍隊を維持することを希望する。

アメリカ合衆国は、平和と安全のために、現在、若干の自国軍隊を日本国内及びその附近に維持する意思がある。但し、アメリカ合衆国は、日本国が、攻撃的な脅威となり又は国際連合憲章の目的及び原則に従つて平和と安全を増進すること以外に用いられうべき軍備をもつことを常に避けつつ、直接及び間接の侵略に対する自国の防衛のため漸増的に自ら責任を負うことを期待する。

よつて、両国は、次のとおり協定した。

第一条

平和条約及びこの条約の効力発生と同時に、アメリカ合衆国の陸軍、空軍及び海軍を日本国内及びその附近に配備する権利を、日本国は、許与し、アメリカ合衆国は、これを受諾する。この軍隊は、極東における国際の平和と安全の維持に寄与し、並びに、一又は二以上の外部の国による教唆又は干渉によつて引き起されたた日本国における大規模の内乱及び騒じようを鎮圧するため日本国政府の明示の要請に応じて与えられる援助を含めて、外部からの武力攻撃に対する日本国の安全に寄与するために使用することができる。

第二条

第一条に掲げる権利が行使される間は、日本国は、アメリカ合衆国の事前の同意なくして、基地、基地における若しくは基地に関する権利、権力若しくは権能、駐兵若しくは演習の権利又は陸軍、空軍若しくは海軍の通過の権利を第三国に許与しない。

第三条
アメリカ合衆国の軍隊の日本国内及びその附近における配備を規律する条件は、両政府間の行政協定で決定する。
第四条
この条約は、国際連合又はその他による日本区域における国際の平和と安全の維持のため充分な定をする国際連合の措置又はこれに代る個別的若しくは集団的の安全保障措置が効力を生じたと日本国及びアメリカ合衆国の政府が認めた時はいつでも効力を失うものとする。
第五条
この条約は、日本国及びアメリカ合衆国によつて批准されなければならない。この条約は、批准書が両国によつてワシントンで交換された時に効力を生ずる。

以上の証拠として、下名の全権委員は、この条約に署名した。
千九百五十一年九月八日にサン・フランシスコ市で、日本語及び英語により、本書二通を作成した。
日本国のために
吉田　茂
アメリカ合衆国のために
ディーン・アチソン
ジョージ・フォスター・ダレス
アレキサンダー・ワイリー
スタイルス・ブリッジス

2　日本国とアメリカ合衆国との間の相互協力及び安全保障条約（新安保条約）

昭和三五年一月一九日ワシントンで署名
昭和三五年六月二三日効力発生

日本国及びアメリカ合衆国は、
両国の間に伝統的に存在する平和及び友好の関係を強化し、並びに民主主義の諸原則、個人の自由及び法の支配を擁護することを希望し、
また、両国の間の一層緊密な経済的協力を促進し、並びにそれぞれの国における経済的安定及び福祉の条件を助長することを希望し、
国際連合憲章の目的及び原則に対する信念並びにすべての国民及びすべての政府とともに平和のうちに生きようとする願望を再確認し、
両国が国際連合憲章に定める個別的又は集団的自衛の固有の権利を有していることを確認し、
両国が極東における国際の平和及び安全の維持に共通の関心を有することを考慮し、
相互協力及び安全保障条約を締結することを決意し、よつて、次のとおり協定する。
第一条

締約国は、国際連合憲章に定めるところに従い、それぞれが関係することのある国際紛争を平和的手段によつて国際の平和及び安全並びに正義を危うくしないように解決し、並びにそれぞれの国際関係において、武力による威嚇又は武力の行使を、いかなる国の領土保全又は政治的独立に対するものも、また、国際連合の目的と両立しない他のいかなる方法によるものも慎むことを約束する。

締約国は、他の平和愛好国と協同して、国際の平和及び安全を維持する国際連合の任務が一層効果的に遂行されるように国際連合を強化することに努力する。

第二条

締約国は、その自由な諸制度を強化することにより、これらの制度の基礎をなす原則の理解を促進することにより、並びに安定及び福祉の条件を助長することによつて、平和的かつ友好的な国際関係の一層の発展に貢献する。締約国は、その国際経済政策におけるくい違いを除くことに努め、また、両国の間の経済的協力を促進する。

第三条

締約国は、個別的に及び相互に協力して、継続的かつ効果的な自助及び相互援助により、武力攻撃に抵抗するそれぞれの能力を、憲法上の規定に従うことを条件として、維持し発展させる。

第四条

締約国は、この条約の実施に関して随時協議し、また、日本国の安全又は極東における国際の平和及び安全に対する脅威が生じたときはいつでも、いずれか一方の締約国の要請により協議する。

第五条

各締約国は、日本国の施政の下にある領域における、いずれか一方に対する武力攻撃が、自国の平和及び安全を危うくするものであることを認め、自国の憲法上の規定及び手続に従つて共通の危険に対処するように行動することを宣言する。

前記の武力攻撃及びその結果として執つたすべての措置は、国際連合憲章第五十一条の規定に従つて直ちに国際連合安全保障理事会に報告しなければならない。その措置は、安全保障理事会が国際の平和及び安全を回復し及び維持するために必要な措置を執つたときは、終止しなければならない。

第六条

日本国の安全に寄与し、並びに極東における国際の平和及び安全の維持に寄与するため、アメリカ合衆国は、その陸軍、空軍及び海軍が日本国において施設及び区域を使用することを許される。

前記の施設及び区域の使用並びに日本国における合衆国軍隊の地位は、千九百五十二年二月二十八日に東京で署名された日本国とアメリカ合衆国との間の安全保障条約第三条に基く行政協定（改正を含む。）に代わる別個の協定及び合意される他の取極により規律される。

第七条

この条約は、国際連合憲章に基づく締約国の権利及び義務又は国際の平和及び安全を維持する国際連合の責任に対しては、どのような影響も及ぼすものではなく、また、及ぼすものと解釈してはならない。

第八条

この条約は、日本国及びアメリカ合衆国により各自の憲法上の手続に従つて批准されなければならない。この条約は、両国が東京で批准書を交換した日に効力を生ずる。

第九条

千九百五十一年九月八日にサン・フランシスコ市で署名された日本国とアメリカ合衆国との間の安全保障条約は、この条約の効力発生の時に効力を失う。

第十条

この条約は、日本区域における国際の平和及び安全の維持のため十分な定めをする国際連合の措置が効力を生じたと日本国政府及びアメリカ合衆国政府が認める時まで効力を有する。

もつとも、この条約が十年間効力を存続した後は、いずれの締約国も、他方の締約国に対しこの条約を終了させる意思を通告することができ、その場合には、この条約は、そのような通告が行なわれた後一年で終了する。

以上の証拠として、下名の全権委員は、この条約に署名した。

千九百六十年一月十九日にワシントンで、ひとしく正文である日本語及び英語により本書二通を作成した。

日本国のために
岸　信介
藤山愛一郎
石井光次郎
足立　正
朝海浩一郎

アメリカ合衆国のために
クリスチャン・A・ハーター
ダグラス・マックアーサー二世
J・グレイアム・パースンズ

3　同条約附属文書（一部のみ）

同条約第六条の実施に関する交換公文

昭和三五年一月一九日ワシントンで

内閣総理大臣から合衆国国務長官にあてた書簡

書簡をもつて啓上いたします。本大臣は、本日署名された日本国とアメリカ合衆国との間の相互協力及び安全保障条約に言及し、次のことが同条約第六条の実施に関する日本国政府の了解であることを閣下に通報する光栄を有します。

　合衆国軍隊の日本国への配置における重要な変更、同軍隊の装備における重要な変更並びに日本国から行なわれる戦闘作戦行動（前記の条約第五条の規定に基づいて行なわれるものを除く。）のための基地としての日本国内の施設及び区域の使用は、日本国政府との事前の協議の主題とする。

　本大臣は、閣下が、前記のことがアメリカ合衆国政府の了解でもあることを貴国政府に代わつて確認されれば幸いであります。

　本大臣は、以上を申し進めるに際し、ここに重ねて閣下に向かつて敬意を表します。

　千九百六十年一月十九日にワシントンで

岸　信介

アメリカ合衆国国務長官
クリスチャン・A・ハーター閣下

合衆国国務長官から内閣総理大臣にあてた書簡（訳文）

　書簡をもつて啓上いたします。本長官は、本日付けの閣下の次の書簡を受領したことを確認する光栄を有します。

　書簡をもつて啓上いたします。本大臣は、本日署名された日本国とアメリカ合衆国との間の相互協力及び安全保障条約に言及し、次のことが同条約第六条の実施に関する日本国政府の了解であることを閣下に通報する光栄を有します。

　合衆国軍隊の日本国への配置における重要な変更、同軍隊の装備における重要な変更並びに日本国から行なわれる戦闘作戦行動（前記の条約第五条の規定に基づいて行なわれるものを除く。）のための基地としての日本国内の施設及び区域の使用は、日本国政府との事前の協議の主題とする。

　本大臣は、閣下が、前記のことがアメリカ合衆国政府の了解でもあることを貴国政府に代わつて確認されれば幸いであります。

　本大臣は、以上を申し進めるに際し、ここに重ねて閣下に向かつて敬意を表します。

　本長官は、前記のことがアメリカ合衆国政府の了解でもあることを本国政府に代わつて確認する光栄を有します。

　本長官は、以上を申し進めるに際し、ここに重ねて閣下に向かつて敬意を表します。

　千九百六十年一月十九日

アメリカ合衆国国務長官
クリスチャン・A・ハーター

日本国総理大臣　岸信介閣下

ちくま新書
1515

戦後《せんご》日本《にほん》を問《と》いなおす
——日米非対称《にちべいひたいしょう》のダイナミズム

二〇二〇年九月一〇日　第一刷発行

著者　原 彬久（はら・よしひさ）
発行者　喜入冬子
発行所　株式会社 筑摩書房
東京都台東区蔵前二-五-三　郵便番号一一一-八七五五
電話番号〇三-五六八七-二六〇一（代表）
装幀者　間村俊一
印刷・製本　三松堂印刷 株式会社

ISBN978-4-480-07320-4 C0231